Tremores

Escritos sobre experiência

Coleção
Educação: Experiência e Sentido

Jorge Larrosa

Tremores

Escritos sobre experiência

1ª edição
8ª reimpressão

Tradução
Cristina Antunes
João Wanderley Geraldi

autêntica

Copyright © 2014 Jorge Larrosa

Todos os direitos reservados pela Autêntica Editora Ltda. Nenhuma parte desta publicação poderá ser reproduzida, seja por meios mecânicos, eletrônicos, seja via cópia xerográfica, sem autorização prévia da Editora.

COORDENADORES DA COLEÇÃO
EDUCAÇÃO: EXPERIÊNCIA E SENTIDO
Jorge Larrosa
Walter Kohan

EDITORAS RESPONSÁVEIS
Rejane Dias
Cecília Martins

REVISÃO
Dila Bragança de Mendonça
Lívia Martins

CAPA
Alberto Bittencourt

DIAGRAMAÇÃO
Jairo Alvarenga Fonseca

Dados Internacionais de Catalogação na Publicação (CIP)
(Câmara Brasileira do Livro, SP, Brasil)

Larrosa, Jorge

　Tremores : escritos sobre experiência / Jorge Larrosa ; tradução Cristina Antunes, João Wanderley Geraldi. -- 1. ed.; 8. reimp. -- Belo Horizonte : Autêntica, 2025. -- (Coleção Educação : Experiência e Sentido)

　ISBN 978-85-8217-437-1

　1. Educação - Filosofia 2. Educadores - Formação 3. Experiências 4. Pedagogia 5. Professores - Formação I. Título. II. Série.

14-06641　　　　　　　　　　　　　　　　　　　　CDD-370.7

Índices para catálogo sistemático:
1. Educadores : Experiências : Educação　370.7

Belo Horizonte
Rua Carlos Turner, 420
Silveira . 31140-520
Belo Horizonte . MG
Tel.: (55 31) 3465 4500

São Paulo
Av. Paulista, 2.073 . Conjunto Nacional
Horsa I . Sala s 404-406 . Bela Vista
01311-940 . São Paulo . SP
Tel.: (55 11) 3034 4468

www.grupoautentica.com.br
SAC: atendimentoleitor@grupoautentica.com.br

APRESENTAÇÃO DA COLEÇÃO

A experiência, e não a verdade, é o que dá sentido à escritura. Digamos, com Foucault, que escrevemos para transformar o que sabemos e não para transmitir o já sabido. Se alguma coisa nos anima a escrever é a possibilidade de que esse ato de escritura, essa experiência em palavras, nos permita liberar-nos de certas verdades, de modo a deixarmos de ser o que somos para ser outra coisa, diferentes do que vimos sendo.

Também a experiência, e não a verdade, é o que dá sentido à educação. Educamos para transformar o que sabemos, não para transmitir o já sabido. Se alguma coisa nos anima a educar é a possibilidade de que esse ato de educação, essa experiência em gestos, nos permita liberar-nos de certas verdades, de modo a deixarmos de ser o que somos, para ser outra coisa para além do que vimos sendo.

A coleção *Educação: Experiência e Sentido* propõe-se a testemunhar experiências de escrever na educação, de educar na escritura. Essa coleção não é animada por nenhum propósito revelador, convertedor ou doutrinário: definitivamente, nada a revelar, ninguém a converter, nenhuma doutrina a transmitir.

Trata-se de apresentar uma escritura que permita que enfim nos livremos das verdades pelas quais educamos, nas quais nos educamos. Quem sabe assim possamos ampliar nossa liberdade de pensar a educação e de nos pensarmos a nós próprios, como educadores. O leitor poderá concluir que, se a filosofia é um gesto que afirma sem concessões a liberdade do pensar, então esta é uma coleção de filosofia da educação. Quiçá os sentidos que povoam os textos de *Educação: Experiência e Sentido* possam testemunhá-lo.

Jorge Larrosa e Walter Kohan[*]
Coordenadores da Coleção

---

[*] Jorge Larrosa é Professor de Teoria e História da Educação da Universidade de Barcelona e Walter Kohan é Professor Titular de Filosofia da Educação da UERJ.

SUMÁRIO

PRÓLOGO.. 9

CAPÍTULO 1
Notas sobre a experiência e o saber de experiência........ 15

CAPÍTULO 2
A experiência e suas linguagens.................................... 35

CAPÍTULO 3
Uma língua para a conversação...................................... 57

CAPÍTULO 4
Ferido de realidade e em busca de realidade.
Notas sobre as linguagens da experiência...................... 73

CAPÍTULO 5
Fim de partida. Ler, escrever, conversar (e talvez pensar)
em uma Faculdade de Educação....................................123

Prólogo

> *Como continuar?*
> *Por que continuar?*
> Max Frisch

Em um livro fundamental sobre as distintas elaborações da ideia de experiência desde Montaigne até Foucault, e tomando como ponto de partida a célebre afirmação de Gadamer de que o termo "experiência" é "um dos mais obscuros que possuímos",[1] Martin Jay diz que a realidade da experiência é vaga, que a ideia de experiência é confusa, mas que, apesar disso, muitos pensadores de diversas épocas e tradições "se sentiram compelidos a se ocupar desse termo problemático". Além do mais, diz Jay, o fizeram "com uma pressa e uma intensidade que raras vezes acompanha a tentativa de definir e explicar um conceito". E isso acontece, insiste, porque "experiência'" "é um significante suscetível de desencadear profundas emoções em quem lhe

---

[1] GADAMER, H. G. *Verdad y método*. Salamanca: Sígueme, 1984, p. 336.

confere um lugar de privilégio em seu pensamento".[2] Não existe, na tradição, uma ideia de experiência, ou uma série reconhecível de ideias de experiência. Porém, o que sem dúvida temos é a aparição sincopada de uma série de cantos de experiência. Cantos apaixonados, intensos, prementes, emocionados e emocionantes, que têm a experiência como tema ou como motivo principal, se entendemos os termos "motivo" e "tema" em seu sentido musical. A experiência não é uma realidade, uma coisa, um fato, não é fácil de definir nem de identificar, não pode ser objetivada, não pode ser produzida. E tampouco é um conceito, uma ideia clara e distinta. A experiência é algo que (nos) acontece e que às vezes treme, ou vibra, algo que nos faz pensar, algo que nos faz sofrer ou gozar, algo que luta pela expressão, e que às vezes, algumas vezes, quando cai em mãos de alguém capaz de dar forma a esse tremor, então, somente então, se converte em canto. E esse canto atravessa o tempo e o espaço. E ressoa em outras experiências e em outros tremores e em outros cantos. Em algumas ocasiões, esses cantos de experiência são cantos de protesto, de rebeldia, cantos de guerra ou de luta contra as formas dominantes de linguagem, de pensamento e de subjetividade. Outras vezes são cantos de dor, de lamento, cantos que expressam a queixa de uma vida subjugada, violentada, de uma potência de vida enjaulada, de uma possibilidade presa ou acorrentada. Outras são cantos elegíacos, fúnebres, cantos de despedida, de ausência ou de perda. E às vezes são cantos épicos, aventureiros, cantos de viajantes e de exploradores, desses que vão sempre mais além do conhecido, mais além do seguro e do garantido, ainda que não saibam muito bem aonde.

---

[2] MARTIN, J. *Cantos de experiencia. Variaciones modernas sobre un tema universal.* Buenos Aires: Paidós, 2009, p. 15-16.

Eu fiz também meus próprios cantos de experiência, também intensos e apaixonados, compostos, em sua maior parte, como ecos, variações ou ressonâncias de músicas alheias. Tive a inconsciência de assiná-los e publicá-los, e esses cantos foram lidos, até onde sei, com muita generosidade, talvez porque algumas pessoas se reconheceram neles, não tanto em sua melodia como em seu ritmo, em seu tom, em seu acento, em sua emoção subjacente, na frequência vibratória de seu baixo contínuo. Neste momento não posso senão agradecer essas leituras e dizer que este livro, compilação de textos já publicados, não é outra coisa que uma forma de gratidão ao mesmo tempo retrospectiva e antecipada, e que não tem outra intenção que dar um diapasão, ou um tom, para a possível continuação de uma conversação na qual se podem ouvir tanto concordâncias como discordâncias. Devo fazer um agradecimento especial à Mais Diferenças, uma organização dedicada à educação e à cultura inclusivas, não só por sua acolhida sempre incondicional como também, no que se refere a este livro, pelo fato de que possa ser oferecido, literalmente, entre as línguas.

Meus cantos de experiência estavam referidos à educação e sobretudo à leitura. Não trabalhei nunca a ideia de experiência em relação às artes: nem em relação às linguagens artísticas (meu assunto sempre foi a linguagem natural), nem em relação às práticas artísticas (meu assunto sempre foi a prática pedagógica). Digamos que, para mim, o leitor implícito de meus escritos, ou o ouvinte implícito de meus cantos, estava no campo educativo e principalmente no que no campo educativo tem a ver com falar e escutar, com conversar, com ler e com escrever. No entanto, esses cantos foram lidos por artistas, tanto das artes cênicas como das artes plásticas, e não porque ofereçam uma perspectiva sobre as artes, ou uma metodologia para as artes, mas sim porque algumas pessoas do campo das artes os consideraram inspiradores em relação ao que eles fazem e principalmente em relação ao que acontece com eles. É verdade que pensar a educação a partir da experiência a converte em algo mais parecido com uma arte do que com uma técnica ou uma prática. E é verdade que, a partir daí, a partir da experiência, tanto a educação como as artes podem compartilhar algumas categorias comuns.

Porém, me parece também que o fato de que meus cantos pedagógicos tenham podido ressoar com cantos artísticos tem a ver com o fato de que tratei de construir a experiência como uma categoria vazia, livre, como uma espécie de oco ou de intervalo, como uma espécie de interrupção, ou de quebra, ou de surpresa, como uma espécie de ponto cego, como isso que nos acontece quando não sabemos o que nos acontece e sobretudo como isso que, embora nos empenhemos, não podemos fazer com que nos aconteça, porque não depende de nós, nem de nosso saber, nem de nosso poder, nem de nossa vontade. Penso que, se a educação não quer estar a serviço do que existe, tem que se organizar em torno de uma categoria livre, não sistemática, não intencional, inassimilável, em torno de uma categoria, poderíamos dizer, que não possa ser apropriada por nenhuma lógica operativa ou funcional. Às vezes é a categoria de natalidade, ou de começo. Às vezes é a categoria de liberdade, ou de emancipação. Às vezes é a categoria de diferença, ou de alteridade, ou de acontecimento. Às vezes é a categoria de abertura, ou de catástrofe. Em qualquer caso, uma categoria que tem a ver com o não-saber, com o não-poder, com o não-querer. E penso que nas artes acontece algo parecido. Tanto se pensamos na criação (e a criação é, ela mesma, uma categoria vazia, livre, quer dizer, um mistério) quanto na recepção (através, por exemplo, das diferentes elaborações de uma experiência estética), trata-se sempre de algo que não se pode definir nem tornar operativo, mas sim que, de alguma maneira, só se pode cantar.

Há algo no que fazemos e no que nos acontece, tanto nas artes como na educação, que não sabemos muito bem o que é, mas que é algo sobre o que temos vontade de falar, e de continuar falando, algo sobre o que temos vontade de pensar, e de continuar pensando, e algo a partir do que temos vontade de cantar, e de continuar cantando, porque justamente isso é o que faz com que a educação seja educação, com que arte seja arte e, certamente, com que a vida esteja viva, ou seja, aberta a sua própria abertura. Assim insistirei, para terminar, que não se pode pedagogizar, nem didatizar, nem programar, nem produzir a experiência; que a experiência não pode fundamentar nenhuma técnica, nenhuma prática, nenhuma metodologia; que a experiência é algo que pertence aos próprios fundamentos da vida, quando a vida treme, ou se quebra, ou desfalece; e em que a experiência, que não sabemos o que é, às vezes canta. E para que este prólogo a meus cantos de experiência comece com ecos de outros cantos, terminarei com três citações. A primeira, de Peter Handke, tem a ver com a experiência como interrupção:

> [...] é verdade que tua língua de escritor vinha e tremia a partir da carência da fala, uma carência primária. Sem esta carência de fala primária, é do que estavas convencido, não se podia escrever. Mas, carência de fala hoje em dia? Como fundamento da escrita? [...]. Hoje em dia, cada palavra e cada frase estão, antes de qualquer coisa, à disposição de todos como se fossem peças pré-fabricadas.[3]

---

[3] HANDKE, P. *La noche del Morava*. Madrid: Alianza, 2013, p. 370-375.

Há, diz Handke, uma carência de fala sem a qual não se pode escrever, mas essa carência de fala, esse emudecimento poderia ser aplicado também, me parece, com poucas variações, às artes não verbais, nas quais as formas artísticas, sejam quais forem, também estão à disposição como se fossem um repertório de instrumentos dos quais seria preciso se apropriar. A segunda citação, de Georges Bataille, é sobre o caráter intransitivo da experiência ou, em outras palavras, sobre seu caráter selvagem, autotélico e não regulado:

> Não podendo ter princípio nem em um dogma (atitude moral), nem na ciência (o saber não pode ser a finalidade nem a origem), nem na busca de estados enriquecedores (atitude estética experimental), a experiência interior não pode ter outra preocupação nem outro fim que ela mesma.[4]

A experiência, diz Bataille, não nos faz melhores, ao menos no sentido da moral dogmática, não nos faz mais sábios, ao menos no sentido do saber científico e, sobretudo, não nos faz mais ricos, ao menos a partir desse enriquecimento que prometeria o atual mercado de experiências que entende o sujeito como consumidor. A última será uma frase metodológica, de John Cage: "Tudo o que sei acerca do método é que, quando não estou trabalhando penso às vezes que sei algo, mas, quando estou trabalhando está bem claro que não sei nada".[5]

Acesse no endereço https://bit.ly/4hqv2wu ou neste QRCode o material digital com uma versão do livro em sistema **Daisy** e algumas traduções em **LIBRAS**.

---

[4] BATAILLE, G. *L'expérience intérieure*. Paris: Gallimard, 1992, p. 18.

[5] CAGE, J. Conferencia sobre nada. In: *Escritos al oído*. Murcia: Arquilectura, 1999, p. 85.

CAPÍTULO 1

Notas sobre a experiência e o saber de experiência[1]

Tradução de João Wanderley Geraldi

*No combate entre você e o mundo,
prefira o mundo.*

Franz Kafka

Costuma-se pensar a educação do ponto de vista da relação entre a ciência e a técnica ou, às vezes, do ponto de vista da relação entre teoria e prática. Se o par ciência/técnica remete a uma perspectiva positiva e retificadora, o par teoria/prática remete sobretudo a uma perspectiva política e crítica. De fato, somente nesta última perspectiva tem sentido a palavra "reflexão" e expressões como "reflexão crítica", "reflexão sobre prática ou não prática", "reflexão

---

[1] Conferência proferida no I Seminário Internacional de Educação de Campinas, traduzida e publicada, em julho de 2001, por *Leituras SME;* Textos-subsídios ao trabalho pedagógico das unidades da Rede Municipal de Educação de Campinas/FUMEC. A Comissão Editorial agradece Corinta Grisolia Geraldi, responsável por *Leituras SME,* a autorização para sua publicação na *Revista Brasileira de Educação. Originalmente publicado em:* Revista Brasileira de Educação, n. 19, jan.-abr., 2002, p. 20-28, Associação Nacional de Pós-Graduação e Pesquisa em Educação.

emancipadora", etc. Se na primeira alternativa as pessoas que trabalham em educação são concebidas como sujeitos técnicos que aplicam com maior ou menor eficácia as diversas tecnologias pedagógicas produzidas pelos cientistas, pelos técnicos e pelos especialistas, na segunda alternativa estas mesmas pessoas aparecem como sujeitos críticos que, armados de distintas estratégias reflexivas, se comprometem, com maior ou menor êxito, com práticas educativas concebidas na maioria das vezes sob uma perspectiva política. Tudo isso é suficientemente conhecido, posto que nas últimas décadas o campo pedagógico tem estado separado entre os chamados técnicos e os chamados críticos, entre os partidários da educação como ciência aplicada e os partidários da educação como práxis política, e não vou retomar a discussão.

O que vou lhes propor aqui é que exploremos juntos outra possibilidade, digamos que mais existencial (sem ser existencialista) e mais estética (sem ser esteticista), a saber, pensar a educação a partir do par *experiência/sentido*. O que vou fazer em seguida é sugerir certo significado para estas duas palavras em distintos contextos, e depois vocês me dirão como isso lhes soa. O que vou fazer é, simplesmente, explorar algumas palavras e tratar de compartilhá-las.

E isto a partir da convicção de que as palavras produzem sentido, criam realidades e, às vezes, funcionam como potentes mecanismos de subjetivação. Eu creio no poder das palavras, na força das palavras, creio que fazemos coisas com as palavras e, também, que as palavras fazem coisas conosco. As palavras determinam nosso pensamento porque não pensamos com pensamentos, mas com palavras, não pensamos a partir de uma suposta genialidade ou inteligência, mas a partir de nossas palavras. E pensar não é somente "raciocinar" ou "calcular" ou "argumentar", como nos tem sido ensinado algumas vezes, mas é sobretudo dar sentido ao que somos e ao que nos acontece. E isto, o sentido ou o sem-sentido, é algo que tem a ver com as palavras. E, portanto, também tem a ver com as palavras o modo como nos colocamos diante de nós mesmos, diante dos outros e diante do mundo em que vivemos. E o modo como agimos em relação a tudo isso. Todo mundo sabe que Aristóteles definiu o homem como *zôon lógon échon*. A tradução desta expressão, porém, é muito mais "vivente dotado de palavra" do que "animal dotado de razão" ou "animal racional". Se há uma tradução que realmente trai, no pior sentido da palavra, é justamente essa de traduzir *logos* por *ratio*. E a transformação de *zôon*, vivente, em animal. O homem é um vivente com palavra. E isto não significa que o homem tenha a palavra ou a linguagem como uma coisa, ou uma faculdade, ou uma ferramenta, mas que o homem é palavra, que o homem é enquanto palavra, que todo humano tem a ver com a palavra, se dá em palavra, está tecido de palavras, que o modo de viver próprio desse vivente, que é o homem, se dá na palavra e como palavra. Por isso, atividades como considerar as palavras, criticar as palavras, eleger as palavras, cuidar das palavras, inventar palavras, jogar com as palavras, impor palavras, proibir palavras, transformar palavras, etc. não são atividades ocas ou vazias, não são mero palavrório. Quando fazemos coisas com as palavras, do que se trata é de como damos sentido ao que somos e ao que nos acontece, de como correlacionamos as palavras e as coisas, de como nomeamos o que vemos ou o que sentimos e de como vemos ou sentimos o que nomeamos.

Nomear o que fazemos, em educação ou em qualquer outro lugar, como técnica aplicada, como práxis reflexiva ou como experiência dotada de sentido, não é somente uma questão terminológica. As palavras com que nomeamos o que somos, o que fazemos, o que pensamos, o que percebemos ou o que sentimos são mais do que simplesmente palavras. E, por isso, as lutas pelas palavras, pelo significado e pelo controle das palavras, pela imposição de certas palavras e pelo silenciamento ou desativação de outras palavras são lutas em que se joga algo mais do que simplesmente palavras, algo mais que somente palavras.

1. Começarei com a palavra *experiência*. Poderíamos dizer, de início, que a experiência é, em espanhol, "o que nos passa". Em português se diria que a experiência é "o que nos acontece"; em francês a experiência seria "ce que nous arrive"; em italiano, "quello che nos succede" ou "quello che nos accade"; em inglês, "that what is happening to us"; em alemão, "was mir passiert".

A experiência é o que nos passa, o que nos acontece, o que nos toca. Não o que se passa, não o que acontece, ou o que toca. A cada dia se passam muitas coisas, porém, ao mesmo tempo, quase nada nos acontece. Dir-se-ia que tudo o que se passa está organizado para que nada nos aconteça.[2] Walter Benjamin, em um texto célebre, já observava a pobreza de experiências que caracteriza o nosso mundo. Nunca se passaram tantas coisas, mas a experiência é cada vez mais rara.

Em primeiro lugar pelo excesso de informação. A informação não é experiência. E mais, a informação não deixa lugar para a experiência, ela é quase o contrário da experiência, quase uma antiexperiência. Por isso a ênfase contemporânea na informação, em estar informados, e toda a retórica destinada a constituir-nos como sujeitos

---

[2] Em espanhol, o autor faz um jogo de palavras impossível no português: "Se diria que todo lo que pasa está organizado para que nada nos pase", exceto se optássemos por uma tradução como "Dir-se-ia que tudo que se passa está organizado para que nada se nos passe". (N.T.)

informantes e informados; a informação não faz outra coisa que cancelar nossas possibilidades de experiência. O sujeito da informação sabe muitas coisas, passa seu tempo buscando informação, o que mais o preocupa é não ter bastante informação; cada vez sabe mais, cada vez está mais bem informado, porém, com essa obsessão pela informação e pelo saber (mas saber não no sentido de "sabedoria", mas no sentido de "estar informado"), o que consegue é que nada lhe aconteça. A primeira coisa que gostaria de dizer sobre a *experiência* é que é necessário separá-la da informação. E o que gostaria de dizer sobre o *saber* coisas, tal como se sabe quando se tem informação sobre as coisas, quando se está informado. É a língua mesma que nos dá essa possibilidade. Depois de assistir a uma aula ou a uma conferência, depois de ter lido um livro ou uma informação, depois de ter feito uma viagem ou de ter visitado uma escola, podemos dizer que sabemos coisas que antes não sabíamos, que temos mais informação sobre alguma coisa; mas, ao mesmo tempo, podemos dizer também que nada nos aconteceu, que nada nos tocou, que com tudo o que aprendemos nada nos sucedeu ou nos aconteceu. Além disso, seguramente todos já ouvimos que vivemos numa "sociedade de informação". E já nos demos conta de que esta estranha expressão funciona às vezes como sinônima de "sociedade do conhecimento" ou até mesmo de "sociedade de aprendizagem". Não deixa de ser curiosa a troca, a intercambialidade entre os termos "informação", "conhecimento" e "aprendizagem". Como se o conhecimento se desse sob a forma de informação, e como se aprender não fosse outra coisa que não adquirir e processar informação. E não deixa de ser interessante também que as velhas metáforas organicistas do social, que tantos jogos permitiram aos totalitarismos do século passado, estejam sendo substituídas por metáforas cognitivistas, seguramente também totalitárias, ainda que revestidas agora de um *look* liberal democrático. Independentemente de que seja urgente problematizar esse discurso que se está instalando sem crítica, a cada dia mais profundamente, e que pensa a sociedade como um mecanismo de processamento de informação, o que eu quero apontar aqui é que uma sociedade constituída sob o signo da informação é uma sociedade na qual a experiência é impossível.

Em segundo lugar, a experiência é cada vez mais rara por excesso de opinião. O sujeito moderno é um sujeito informado que, além disso, opina. É alguém que tem uma opinião supostamente pessoal e supostamente própria e, às vezes, supostamente crítica sobre tudo o que se passa, sobre tudo aquilo de que tem informação. Para nós, a opinião, como a informação, converteu-se em um imperativo. Em nossa arrogância, passamos a vida opinando sobre qualquer coisa *de experiência* é que é necessário separá-lo de saber sobre que nos sentimos informados. E se alguém não tem opinião, se não tem uma posição própria sobre o que se passa, se não tem um julgamento preparado sobre qualquer coisa que se lhe apresente, sente-se em falso, como se lhe faltasse algo essencial. E pensa que tem de ter uma opinião. Depois da informação, vem a opinião. No entanto, a obsessão pela opinião também anula nossas possibilidades de experiência, também faz com que nada nos aconteça.

Benjamin dizia que o periodismo é o grande dispositivo moderno para a destruição generalizada da experiência.[3] O periodismo destrói a experiência, sobre isso não há dúvida, e

---

[3] Benjamin problematiza o periodismo em várias de suas obras; ver, por exemplo, BENJAMIN, W. El narrador. In: *Para uma crítica de la violencia y otros ensaios*. Madrid: Taurus, 1991, p. 111 e ss. (Ou na edição brasileira: [1994]. Magia e técnica, arte e política; ensaios sobre literatura e história da cultura. In: *Obras escolhidas*. 7. ed. São Paulo: Brasiliense, v. I).

o periodismo não é outra coisa que a aliança perversa entre informação e opinião. O periodismo é a fabricação da informação e a fabricação da opinião. E quando a informação e a opinião se sacralizam, quando ocupam todo o espaço do acontecer, então o sujeito individual não é outra coisa que o suporte informado da opinião individual, e o sujeito coletivo, esse que teria de fazer a história segundo os velhos marxistas, não é outra coisa que o suporte informado da opinião pública. Quer dizer, um sujeito fabricado e manipulado pelos aparatos da informação e da opinião, um sujeito incapaz de experiência. E o fato de o periodismo destruir a experiência é algo mais profundo e mais geral do que aquilo que derivaria do efeito dos meios de comunicação de massas sobre a conformação de nossas consciências.

O par informação/opinião é muito geral e permeia também, por exemplo, nossa ideia de aprendizagem, inclusive do que os pedagogos e psicopedagogos chamam de "aprendizagem significativa". Desde pequenos até a universidade, ao largo de toda nossa travessia pelos aparatos educacionais, estamos submetidos a um dispositivo que funciona da seguinte maneira: primeiro é preciso informar-se e, depois, há de opinar, há que dar uma opinião obviamente própria, crítica e pessoal sobre o que quer que seja. A opinião seria como a dimensão "significativa" da assim chamada "aprendizagem significativa". A informação seria o objetivo, a opinião seria o subjetivo, ela seria nossa reação subjetiva ao objetivo. Além disso, como reação subjetiva, é uma reação que se tornou para nós automática, quase reflexa: informados sobre qualquer coisa, nós opinamos. Esse "opinar" se reduz, na maioria das ocasiões, em estar a favor ou contra. Com isso, nos convertemos em sujeitos competentes para responder como Deus manda as perguntas dos professores que, cada vez mais, se assemelham a comprovações de informações e a pesquisas de opinião. Diga-me o que você sabe, diga-me com que informação conta e exponha, em continuação, a sua opinião: esse o dispositivo periodístico do saber e da aprendizagem, o dispositivo que torna impossível a experiência.

Em terceiro lugar, a experiência é cada vez mais rara, por falta de tempo. Tudo o que se passa passa demasiadamente depressa, cada vez mais depressa. E com isso se reduz o estímulo fugaz e instantâneo, imediatamente substituído por outro estímulo ou por outra excitação igualmente fugaz e efêmera. O acontecimento nos é dado na forma de choque, do estímulo, da sensação pura, na forma da vivência instantânea, pontual e fragmentada. A velocidade com que nos são dados os acontecimentos e a obsessão pela novidade, pelo novo, que caracteriza o mundo moderno, impedem a conexão significativa entre acontecimentos. Impedem também a memória, já que cada acontecimento é imediatamente substituído por outro que igualmente nos excita por um momento, mas sem deixar qualquer vestígio. O sujeito moderno não só está informado e opina, mas também é um consumidor voraz e insaciável de notícias, de novidades, um curioso impenitente, eternamente insatisfeito. Quer estar permanentemente excitado e já se tornou incapaz de silêncio. Ao sujeito do estímulo, da vivência pontual, tudo o atravessa, tudo o excita, tudo o agita, tudo o choca, mas nada lhe acontece. Por isso, a velocidade e o que ela provoca, a falta de silêncio e de memória, são também inimigas mortais da experiência.

Nessa lógica de destruição generalizada da experiência, estou cada vez mais convencido de que os aparatos educacionais também funcionam cada vez mais no sentido de tornar impossível que alguma coisa nos aconteça. Não somente, como já disse, pelo funcionamento perverso e generalizado do par informação/opinião, mas também pela velocidade.

Cada vez estamos mais tempo na escola (e a universidade e os cursos de formação do professorado são parte da escola), mas cada vez temos menos tempo. Esse sujeito da formação permanente e acelerada, da constante atualização, da reciclagem sem fim, é um sujeito que usa o tempo como um valor ou como uma mercadoria, um sujeito que não pode perder tempo, que tem sempre de aproveitar o tempo, que não pode protelar qualquer coisa, que tem de seguir o passo veloz do que se passa, que não pode ficar para trás, por isso mesmo, por essa obsessão por seguir o curso acelerado do tempo, este sujeito já não tem tempo. E na escola o currículo se organiza em pacotes cada vez mais numerosos e cada vez mais curtos. Com isso, também em educação estamos sempre acelerados e nada nos acontece.

Em quarto lugar, a experiência é cada vez mais rara por excesso de trabalho. Esse ponto me parece importante porque às vezes se confunde experiência com trabalho. Existe um clichê segundo o qual nos livros e nos centros de ensino se aprende a teoria, o saber que vem dos livros e das palavras, e no trabalho se adquire a experiência, o saber que vem do fazer ou da prática, como se diz atualmente. Quando se redige o currículo, distingue-se formação acadêmica e experiência de trabalho. Tenho ouvido falar de certa tendência aparentemente progressista no campo educacional que, depois de criticar o modo como nossa sociedade privilegia as aprendizagens acadêmicas, pretende implantar e homologar formas de contagem de créditos para a experiência e para o saber de experiência adquirido no trabalho. Por isso estou muito interessado em distinguir entre experiência e trabalho e, além disso, em criticar qualquer contagem de créditos para a experiência, qualquer conversão da experiência em créditos, em mercadoria, em valor de troca. Minha tese não é somente porque a experiência não tem nada a ver com o trabalho, mas, ainda mais fortemente, que o trabalho, essa modalidade de relação com as pessoas, com as palavras e com as coisas que chamamos trabalho, é também inimiga mortal da experiência.

O sujeito moderno, além de ser um sujeito informado que opina, além de estar permanentemente agitado e em movimento, é um ser que trabalha, quer dizer, que pretende conformar o mundo, tanto o mundo "natural" quanto o mundo "social" e "humano", tanto a "natureza externa" quanto a "natureza interna", segundo seu saber, seu poder e sua vontade. O trabalho é esta atividade que deriva desta pretensão. O sujeito moderno é animado por portentosa mescla de otimismo, de progressismo e de agressividade: crê que pode fazer tudo o que se propõe (e se hoje não pode, algum dia poderá) e para isso não duvida em destruir tudo o que percebe como um obstáculo à sua onipotência. O sujeito moderno se relaciona com o acontecimento do ponto de vista da ação. Tudo é pretexto para sua atividade. Sempre está a se perguntar sobre o que pode fazer. Sempre está desejando fazer algo, produzir algo regular algo. Independentemente de este desejo estar motivado por uma boa vontade ou uma má vontade, o sujeito moderno está atravessado por um afã de mudar as coisas. E nisso coincidem os engenheiros, os políticos, os industrialistas, os médicos, os arquitetos, os sindicalistas, os jornalistas, os cientistas, os pedagogos e todos aqueles que põem no fazer coisas a sua existência. Nós somos sujeitos ultrainformados, transbordantes de opiniões e superestimulados, mas também sujeitos cheios de vontade e hiperativos. E por isso, porque sempre estamos querendo o que não é, porque estamos sempre em atividade, porque estamos sempre mobilizados, não podemos parar. E, por não podermos parar, nada nos acontece.

A experiência, a possibilidade de que algo nos aconteça ou nos toque, requer um gesto de interrupção, um gesto que é quase impossível nos tempos que correm: requer parar para pensar, parar para olhar, parar para escutar, pensar mais devagar, olhar mais devagar, e escutar mais devagar; parar para sentir, sentir mais devagar, demorar-se nos detalhes, suspender a opinião, suspender o juízo, suspender a vontade, suspender o automatismo da ação, cultivar a atenção e a delicadeza, abrir os olhos e os ouvidos, falar sobre o que nos acontece, aprender a lentidão, escutar aos outros, cultivar a arte do encontro, calar muito, ter paciência e dar-se tempo e espaço.

2. Até aqui, a experiência e a destruição da experiência. Vamos agora ao sujeito da experiência. Esse sujeito que não é o sujeito da informação, da opinião, do trabalho, que não é o sujeito do saber, do julgar, do fazer, do poder, do querer. Se escutamos em espanhol, nessa língua em que a experiência é "o que nos passa", o sujeito da experiência seria algo como um território de passagem, algo como uma superfície sensível que aquilo que acontece afeta de algum modo, produz alguns afetos, inscreve algumas marcas, deixa alguns vestígios, alguns efeitos. Se escutamos em francês, em que a experiência é "ce que nous arrive", o sujeito da experiência é um ponto de chegada, um lugar a que chegam as coisas, como um lugar que recebe o que chega e que, ao receber, lhe dá lugar. E em português, em italiano e em inglês, em que a experiência soa como "aquilo que nos acontece, nos sucede", ou "happen to us", o sujeito da experiência é sobretudo um espaço onde têm lugar os acontecimentos.

Em qualquer caso, seja como território de passagem, seja como lugar de chegada ou como espaço do acontecer, o sujeito da experiência se define não por sua atividade, mas por sua passividade, por sua receptividade, por sua disponibilidade, por sua abertura. Trata-se, porém, de uma passividade anterior à oposição entre ativo e passivo, de uma passividade feita de paixão, de padecimento, de paciência, de atenção, como uma receptividade primeira, como uma disponibilidade fundamental, como uma abertura essencial.

O sujeito da experiência é um sujeito "ex-posto". Do ponto de vista da experiência, o importante não é nem a posição (nossa maneira de pormos), nem a "oposição" (nossa maneira de opormos), nem a "imposição" (nossa maneira de impormos), nem a "proposição" (nossa maneira de propormos), mas a "ex-posição", nossa maneira de "ex-pormos", com tudo o que isso tem de vulnerabilidade e de risco. Por isso é incapaz de experiência aquele que se põe, ou se opõe, ou se impõe, ou se propõe, mas não se "ex-põe". É incapaz de experiência aquele a quem nada lhe passa, a quem nada lhe acontece, a quem nada lhe sucede, a quem nada o toca, nada lhe chega, nada o afeta, a quem nada o ameaça, a quem nada ocorre.

3. Vamos agora ao que nos ensina a própria palavra *experiência*. A palavra experiência vem do latim *experiri*, provar (experimentar). A experiência é em primeiro lugar um encontro ou uma relação com algo que se experimenta, que se prova. O radical é *periri,* que se encontra também em *periculum*, perigo. A raiz indo-europeia é *per*, com a qual se relaciona antes de tudo a ideia de travessia, e secundariamente a ideia de prova. Em grego há numerosos derivados dessa raiz que marcam a travessia, o percorrido, a passagem: *peirô,* atravessar; *pera*, mais além; *peraô*, passar através, *perainô*, ir até o fim; *peras,* limite. Em nossas línguas há uma bela palavra que tem esse *per* grego de travessia: a palavra *peiratês*, pirata. O sujeito da experiência tem algo desse ser fascinante que se expõe atravessando um espaço indeterminado e perigoso, pondo-se nele à prova e buscando nele

sua oportunidade, sua ocasião. A palavra experiência tem o *ex* de exterior, de estrangeiro,[4] de exílio, de estranho[5] e também o *ex* de existência. A experiência é a passagem da existência, a passagem de um ser que não tem essência ou razão ou fundamento, mas que simplesmente *"ex-*iste" de uma forma sempre singular, finita, imanente, contingente. Em alemão, experiência é *Erfahrung,* que contém o *fahren* de viajar. E do antigo alto-alemão *fara* também deriva *Gefahr,* perigo, e *gefährden,* pôr em perigo. Tanto nas línguas germânicas como nas latinas, a palavra experiência contém inseparavelmente a dimensão de travessia e perigo.

4. Em Heidegger (1987)[6] encontramos uma definição de experiência em que soam muito bem essa exposição, essa receptividade, essa abertura, assim como essas duas dimensões de travessia e perigo que acabamos de destacar:

> [...] fazer uma experiência com algo significa que algo nos acontece, nos alcança; que se apodera de nós, que nos tomba e nos transforma. Quando falamos em "fazer" uma experiência, isso não significa precisamente que nós a façamos acontecer, "fazer" significa aqui: sofrer, padecer, tomar o que nos alcança receptivamente, aceitar, à medida que nos submetemos a algo. Fazer uma experiência quer dizer, portanto, deixarnos abordar em nós próprios pelo que nos interpela, entrando e submetendo-nos a isso. Podemos ser assim transformados por tais experiências, de um dia para o outro ou no transcurso do tempo (p. 143).

---

[4] Em espanhol, escreve-se *extranjero.* (N.T.)

[5] Em espanhol, *extraño.* (N.T.)

[6] HEIDEGGER, M. La esencia del habla. In: *De camino al habla.* Barcelona: Edicionaes del Serbal, 1987.

O sujeito da experiência, se repassarmos pelos verbos que Heidegger usa neste parágrafo, é um sujeito alcançado, tombado, derrubado. Não um sujeito que permanece sempre em pé, ereto, erguido e seguro de si mesmo; não um sujeito que alcança aquilo que se propõe ou que se apodera daquilo que quer; não um sujeito definido por seus sucessos ou por seus poderes, mas um sujeito que perde seus poderes precisamente porque aquilo de que faz experiência dele se apodera. Em contrapartida, o sujeito da experiência é também um sujeito sofredor, padecente, receptivo, aceitante, interpelado, submetido. Seu contrário, o sujeito incapaz de experiência, seria um sujeito firme, forte, impávido, inatingível, erguido, anestesiado, apático, autodeterminado, definido por seu saber, por seu poder e por sua vontade.

Nas duas últimas linhas do parágrafo, "Podemos ser assim transformados por tais experiências, de um dia para o outro ou no transcurso do tempo", pode ler-se outro componente fundamental da experiência: sua capacidade de formação ou de transformação. É experiência aquilo que "nos passa", ou que nos toca, ou que nos acontece, e, ao nos passar, nos forma e nos transforma. Somente o sujeito da experiência está, portanto, aberto à sua própria transformação.

5. Se a experiência é o que nos acontece, e se o sujeito da experiência é um território de passagem, então a experiência é uma paixão. Não se pode captar a experiência a partir de uma lógica da ação, a partir de uma reflexão do sujeito sobre si mesmo enquanto sujeito agente, a partir de uma teoria das condições de possibilidade da ação, mas a partir de uma lógica da paixão, uma reflexão do sujeito sobre si mesmo enquanto sujeito passional. E a palavra *paixão* pode referir-se a várias coisas.

Primeiro, a um sofrimento ou um padecimento. No padecer não se é ativo, porém, tampouco se é simplesmente passivo. O sujeito passional não é agente, mas paciente, mas há na paixão um assumir os padecimentos, como um viver, ou experimentar, ou suportar, ou aceitar, ou assumir o padecer que não tem nada que ver com a mera passividade, como se o sujeito passional fizesse algo ao assumir sua paixão. Às vezes, inclusive, algo público, ou político, ou social, como um testemunho público de algo, ou uma prova pública de algo, ou um martírio público em nome de algo, ainda que esse "público" se dê na mais estrita solidão, no mais completo anonimato.

"Paixão" pode referir-se também a certa heteronomia, ou a certa responsabilidade em relação com o outro que, no entanto, não é incompatível com a liberdade ou a autonomia. Ainda que se trate, naturalmente, de outra liberdade e de outra autonomia diferente daquela do sujeito que se determina por si mesmo. A paixão funda sobretudo uma liberdade dependente, determinada, vinculada, obrigada, inclusa, fundada não nela mesma mas numa aceitação primeira de algo que está fora de mim, de algo que não sou eu e que por isso, justamente, é capaz de me apaixonar.

E "paixão" pode referir-se, por fim, a uma experiência do amor, o amor-paixão ocidental, cortesão, cavalheiresco, cristão, pensado como posse e feito de um desejo que permanece desejo e que quer permanecer desejo, pura tensão insatisfeita, pura orientação para um objeto sempre inatingível. Na paixão, o sujeito apaixonado não possui o objeto amado, mas é possuído por ele. Por isso, o sujeito apaixonado não está em si próprio, na posse de si mesmo, no autodomínio, mas está fora de si, dominado pelo outro, cativado pelo alheio, alienado, alucinado.

Na paixão se dá uma tensão entre liberdade e escravidão, no sentido de que o que quer o sujeito é, precisamente, permanecer cativo, viver seu cativeiro, sua dependência daquele por quem está apaixonado. Ocorre também uma tensão entre prazer e dor, entre felicidade e sofrimento, no sentido de que o sujeito apaixonado encontra sua felicidade ou ao menos o cumprimento de seu destino no padecimento que sua paixão lhe proporciona. O que o sujeito ama é precisamente sua própria paixão. Mas ainda: o sujeito apaixonado não é outra coisa e não quer ser outra coisa que não a paixão. Daí, talvez, a tensão que a paixão extrema suporta entre vida e morte. A paixão tem uma relação intrínseca com a morte, ela se desenvolve no horizonte da morte, mas de uma morte que é querida e desejada como verdadeira vida, como a única coisa que vale a pena viver, e às vezes como condição de possibilidade de todo renascimento.

6. Até aqui vimos algumas explorações sobre o que poderia ser a experiência e o sujeito da experiência. Algo que vimos sob o ponto de vista da travessia e do perigo, da abertura e da exposição, da receptividade e da transformação, e da paixão. Vamos agora ao saber da experiência. Definir o sujeito da experiência como sujeito passional não significa pensá-lo como incapaz de conhecimento, de compromisso ou ação. A experiência funda também uma ordem epistemológica e uma ordem ética. O sujeito passional tem também sua própria força, e essa força se expressa produtivamente em forma de saber e em forma de práxis. O que ocorre é que se trata de um saber distinto do saber científico e do saber da informação, e de uma práxis distinta daquela da técnica e do trabalho.

O saber de experiência se dá na relação entre o conhecimento e a vida humana. De fato, a experiência é uma espécie de mediação entre ambos. É importante, porém, ter presente que, do ponto de vista da experiência, nem "conhecimento" nem "vida" significam o que significam habitualmente.

Atualmente, o conhecimento é essencialmente a ciência e a tecnologia, algo essencialmente infinito, que somente pode crescer; algo universal e objetivo, de alguma forma impessoal; algo que está aí, fora de nós, como algo de que podemos nos apropriar e que podemos utilizar; e algo que tem que ver fundamentalmente com o útil no seu sentido mais estreitamente pragmático, num sentido estritamente instrumental. O conhecimento é basicamente mercadoria e, estritamente, dinheiro; tão neutro e intercambiável, tão sujeito à rentabilidade e à circulação acelerada como o dinheiro. Recordem-se as teorias do capital humano ou essas retóricas contemporâneas sobre a sociedade do conhecimento, a sociedade da aprendizagem, ou a sociedade da informação.

Em contrapartida, a "vida" se reduz à sua dimensão biológica, à satisfação das necessidades (geralmente induzidas, sempre incrementadas pela lógica do consumo), à sobrevivência dos indivíduos e da sociedade. Pense-se no que significa para nós "qualidade de vida" ou "nível de vida": nada mais que a posse de uma série de cacarecos para uso e desfrute.

Nestas condições, é claro que a mediação entre o conhecimento e a vida não é outra coisa que a apropriação utilitária, a utilidade que se nos apresenta como "conhecimento" para as necessidades que se nos dão como "vida" e que são completamente indistintas das necessidades do Capital e do Estado.

Para entender o que seja a experiência, é necessário remontar aos tempos anteriores à ciência moderna (com sua específica definição do conhecimento objetivo) e à sociedade capitalista (na qual se constituiu a definição moderna de vida como vida burguesa). Durante séculos, o saber humano havia sido entendido como um *páthei máthos*, como uma aprendizagem no e pelo padecer, no e por aquilo que nos acontece.

Este é o saber da experiência: o que se adquire no modo como alguém vai respondendo ao que vai lhe acontecendo ao longo da vida e no modo como vamos dando sentido ao acontecer do que nos acontece. No saber da experiência não se trata da verdade do que são as coisas, mas do sentido ou do sem-sentido do que nos acontece. E esse saber da experiência tem algumas características essenciais que o opõem, ponto por ponto, ao que entendemos como conhecimento.

Se a experiência é o que nos acontece e se o saber da experiência tem a ver com a elaboração do sentido ou do sem-sentido do que nos acontece, trata-se de um saber finito, ligado à existência de um indivíduo ou de uma comunidade humana particular; ou, de um modo ainda mais explícito, trata-se de um saber que revela ao homem concreto e singular, entendido individual ou coletivamente, o sentido ou o sem-sentido de sua própria existência, de sua própria finitude. Por isso, o saber da experiência é um saber particular, subjetivo, relativo, contingente, pessoal. Se a experiência não é o que acontece, mas o que nos acontece, duas pessoas, ainda que enfrentem o mesmo acontecimento, não fazem a mesma experiência. O acontecimento é comum, mas a experiência é para cada qual sua, singular e de alguma maneira impossível de ser repetida. O saber da experiência é um saber que não pode separar-se do indivíduo concreto em quem encarna. Não está, como o conhecimento científico, fora de nós, mas somente tem sentido no modo como configura uma personalidade, um caráter, uma sensibilidade ou, em definitivo, uma forma humana singular de estar no mundo, que é por sua vez uma ética (um modo de conduzir-se) e uma estética (um estilo). Por isso, também o saber da experiência não pode beneficiar-se de qualquer alforria, quer dizer, ninguém pode aprender da experiência de outro, a menos que essa experiência seja de algum modo revivida e tornada própria.

A primeira nota sobre o saber da experiência sublinha, então, sua qualidade existencial, isto é, sua relação com a existência, com a vida singular e concreta de um existente singular e concreto. A experiência e o saber que dela deriva são o que nos permite apropriar-nos de nossa própria vida. Ter uma vida própria, pessoal, como dizia Rainer Maria Rilke, em *Los Cuadernos de Malthe*, é algo cada vez mais raro, quase tão raro quanto uma morte própria. Se chamamos existência a esta vida própria, contingente e finita, a essa vida que não está determinada por nenhuma essência nem por nenhum destino, a essa vida que não tem nenhuma razão nem nenhum fundamento fora dela mesma, a essa vida cujo sentido se vai construindo e destruindo no viver mesmo, podemos pensar que tudo o que faz impossível a experiência faz também impossível a existência.

7. A ciência moderna, a que se inicia em Bacon e alcança sua formulação mais elaborada em Descartes, desconfia da experiência. E trata de convertê-la em um elemento do *método*, isto é, do caminho seguro da ciência. A experiência já não é o meio desse saber que forma e transforma a vida dos homens em sua singularidade, mas o método da ciência objetiva, da ciência que se dá como tarefa a apropriação e o domínio do mundo. Aparece assim a ideia de uma ciência experimental. Mas aí a experiência converteu-se em experimento, isto é, em uma etapa no caminho seguro e previsível da ciência. A experiência já não é o que nos acontece e o modo como lhe atribuímos ou não um sentido, mas o modo como o mundo nos mostra sua cara legível, a série de regularidades a partir das quais podemos conhecer a verdade do que são as coisas e dominá-las. A partir daí o conhecimento já não é um *páthei máthos*, uma aprendizagem na prova e pela prova, com toda a incerteza que isso implica, mas um *mathema*, uma acumulação

progressiva de verdades objetivas que, no entanto, permanecerão externas ao homem. Uma vez vencido e abandonado o saber da experiência e uma vez separado o conhecimento da existência humana, temos uma situação paradoxal. Uma enorme inflação de conhecimentos objetivos, uma enorme abundância de artefatos técnicos e uma enorme pobreza dessas formas de conhecimento que atuavam na vida humana, nela inserindo-se e transformando-a. A vida humana se fez pobre e necessitada, e o conhecimento moderno já não é o saber ativo que alimentava, iluminava e guiava a existência dos homens, mas algo que flutua no ar, estéril e desligado dessa vida em que já não pode encarnar-se.

A segunda nota sobre o saber da experiência pretende evitar a confusão de experiência com experimento ou, se se quiser, limpar a palavra *experiência* de suas contaminações empíricas e experimentais, de suas conotações metodológicas e metodologizantes. Se o experimento é genérico, a experiência é singular. Se a lógica do experimento produz acordo, consenso ou homogeneidade entre os sujeitos, a lógica da experiência produz diferença, heterogeneidade e pluralidade. Por isso, no compartir a experiência, trata-se mais de uma heterologia do que de uma homologia, ou melhor, trata-se mais de uma dialogia que funciona heterologicamente do que uma dialogia que funciona homologicamente. Se o experimento é repetível, a experiência é irrepetível, sempre há algo como a primeira vez. Se o experimento é preditível e previsível, a experiência tem sempre uma dimensão de incerteza que não pode ser reduzida. Além disso, posto que não se pode antecipar o resultado, a experiência não é o caminho até um objetivo previsto, até uma meta que se conhece de antemão, mas é uma abertura para o desconhecido, para o que não se pode antecipar nem "pré-ver" nem "pré-dizer".

CAPÍTULO 2

A experiência e suas linguagens[1]

Tradução de Cristina Antunes

Algumas notas sobre a experiência e suas linguagens

Faz algum tempo que venho usando a palavra experiência para tentar atuar com ela no campo pedagógico, para explorar suas possibilidades no campo pedagógico.[2] Vocês sabem que a educação foi pensada, basicamente, a partir de dois pontos de vista: o do par ciência/tecnologia e o do par teoria/prática. Para os positivistas, a educação é uma ciência aplicada. Para os assim chamados críticos, a educação é uma práxis reflexiva. Vocês, sem dúvida, conhecem essas discussões que monopolizaram as últimas décadas. Discussões que, pelo menos para mim, estão esgotadas.

---

[1] Conferência pronunciada em 2003 na série "Encuentros y seminarios" do Ministério de Educação da Argentina. Publicado também em *Encuentros filosóficos*, v. 55, n. 160. 2006.

[2] Principalmente em *La experiência de la lectura. Estudios sobre literatura y formación* (Barcelona, Laertes, 1996. Terceira edição ampliada no México, Fondo de Cultura Económica, 2004). Ver também "Experiencia y pasión" e "Sobre lectura, experiencia y formación" em *Entre las lenguas. Lenguage y educación despues de Babel*. Barcelona: Laertes, 2003.

Quer dizer que tanto os cientistas, os que se situam no campo educativo a partir da legitimidade da ciência, os que usam esse vocabulário da eficácia, da avaliação, da qualidade, dos objetivos, os didatas, os psicopedagogos, os tecnólogos, os que constroem sua legitimidade a partir de sua qualidade de *experts*, os que sabem, os que se situam em posições de poder através de posições de saber..., tanto eles como os críticos, os que se situam no campo a partir da legitimidade da crítica, os que usam esse vocabulário da reflexão sobre a prática ou na prática, os que consideram a educação como uma prática política encaminhada para a realização de certos ideais como a liberdade, a igualdade ou a cidadania, os que criticam a educação enquanto produz submissão e desigualdade, enquanto destrói os vínculos sociais, os que se situam em posições de poder por meio da conversão em porta-vozes desses ideais constantemente desmentidos, repetidamente desenganados..., para mim, e falo na primeira pessoa, tanto os positivistas quanto os críticos já pensaram o que tinham de pensar e disseram o que tinham de dizer sobre a educação.

O que não significa que não continuem tendo um lugar no campo pedagógico. Os *experts*, porque podem nos ajudar a melhorar as práticas. Os críticos porque continua sendo necessário que a educação lute contra a miséria, contra a desigualdade, contra a violência, contra a competitividade, contra o autoritarismo, porque é preciso manter alguns ideais para que nossa vida continue tendo sentido mais além de nossa própria vida. E a educação sempre tem a ver com uma vida que está mais além de nossa própria vida, com um tempo que está mais além de nosso próprio tempo, com um mundo que está mais além de nosso próprio mundo... e como não gostamos desta vida, nem deste tempo, nem deste mundo, queríamos que os novos, os que vêm à vida, ao tempo e ao mundo, os que recebem de nós a vida, o tempo e o mundo, os que viverão uma vida que não será a nossa e em um tempo que não será o nosso e em um mundo que não será o nosso, porém uma vida, um tempo e um mundo que, de alguma maneira, nós lhe damos... queríamos que os novos pudessem viver uma vida digna, um tempo digno, um mundo em que não dê vergonha viver.

Creio que temos de melhorar nossos saberes e nossas técnicas e creio também que temos de manter permanentemente a crítica, que continuamos necessitando de pesquisadores honestos e de críticos honestos, que temos que continuar pronunciando a linguagem do saber e a linguagem da crítica. Porém, independentemente disso, ao mesmo tempo, tenho a impressão de que tanto os positivistas quanto os críticos já disseram o que tinham de dizer e já pensaram o que tinham de pensar, ainda que continue sendo importante seguir falando, seguir pensando e seguir fazendo coisas nas linhas que eles abriram.

Se digo que já disseram o que tinham de dizer e já pensaram o que tinham de pensar é porque me parece que tanto seus vocabulários como suas gramáticas ou seus esquemas de pensamento, já estão constituídos e fixados mesmo que, obviamente, ainda continuem sendo capazes de enunciados distintos e de ideias inovadoras. Uma gramática é uma série finita de regras de constituição de enunciados susceptíveis de uma produtividade infinita. Um esquema de pensamento é uma série finita de regras de constituição de ideias, também suscetíveis de uma produtividade infinita. Mas quando uma gramática ou um esquema de pensamento estão constituídos, qualquer coisa que se produza em seu interior dá uma sensação de "já dito", de "já pensado", uma sensação de que pisamos terreno conhecido, de que podemos continuar falando ou pensando em seu interior sem dificuldades, sem sobressaltos, sem surpresas. Por isso uma gramática constituída nos permite dizer "o que todo o mundo diz", ainda que creiamos que dizemos coisas "inovadoras", e um esquema de pensamento constituído é o que nos faz "pensar o que todo o mundo pensa" mesmo que tenhamos a impressão de que somos nós mesmos que os que pensamos. A partir dessa perspectiva, tanto os positivistas quanto os críticos já encarnam o que Foucault chamou de "a ordem do discurso", essa ordem que determina o que se pode dizer e o que se pode pensar, os limites de nossa língua e de nosso pensamento.

Nesse marco, tenho a impressão de que a palavra experiência ou, melhor ainda, o par experiência/sentido, permite pensar a educação a partir de outro ponto de vista, de outra maneira. Nem melhor, nem pior, de outra maneira. Talvez chamando a atenção sobre aspectos que outras palavras não permitem pensar, não permitem dizer, não permitem ver. Talvez, configurando outras gramáticas e outros esquemas de pensamento. Talvez produzindo outros efeitos de verdade e outros efeitos de sentido. E o que é feito, o que tentei fazer, como maior ou menor sorte, é explorar o que a palavra experiência nos permite pensar, o que a palavra experiência nos permite dizer, e o que a palavra experiência nos permite fazer no campo pedagógico. E para isso, para explorar as possibilidades de um pensamento da educação elaborado a partir da experiência, é preciso fazer, me parece, duas coisas: reivindicar a experiência e fazer soar de outro modo a palavra experiência.

1.

Em primeiro lugar, é preciso reivindicar a experiência, dar-lhe certa dignidade, certa legitimidade. Porque, como vocês sabem, a experiência foi menosprezada tanto pela racionalidade clássica quanto pela racionalidade moderna, tanto na filosofia quanto na ciência.[3]

---

[3] Na continuação, tomo algumas ideias do capítulo "Experiencia", do livro de MÈLICH, Joan-Carles. *Filosofia de la finitud*. Barcelona: Herder, 2002.

A experiência e suas linguagens

Na filosofia clássica, a experiência foi entendida como um modo de conhecimento inferior, talvez necessário como ponto de partida, porém inferior: a experiência é só o início do verdadeiro conhecimento ou inclusive, em alguns autores clássicos, a experiência é um obstáculo para o verdadeiro conhecimento, para a verdadeira ciência. A distinção platônica entre o mundo sensível e o mundo inteligível equivale (em parte) à distinção entre *doxa* e *episteme*. A experiência é, para Platão, o que acontece no mundo que muda, no mundo sensível, no mundo das aparências. Por isso, o saber da experiência está mais perto da opinião que da verdadeira ciência, porque a ciência é sempre daquilo que é, do inteligível, do imutável, do eterno. Para Aristóteles a experiência é necessária, mas não o suficiente, não é a própria ciência e sim seu pressuposto necessário. A experiência (*empeiria*) é inferior à arte (*techné*) e à ciência, porque o saber de experiência é conhecimento do singular e a ciência só pode sê-lo do universal. Além do mais, a filosofia clássica, como ontologia, como dialética, como saber segundo princípios, busca verdades que sejam independentes da experiência, que sejam válidas com independência da experiência. A razão tem que ser pura, tem que produzir ideias claras e distintas, e a experiência é sempre impura, confusa, demasiado ligada ao tempo, à fugacidade e à mutabilidade do tempo, demasiado ligada a situações concretas, particulares, contextuais, demasiado vinculada ao nosso corpo, a nossas paixões, a nossos amores e a nossos ódios. Por isso é preciso desconfiar da experiência quando se trata de fazer uso da razão, quando se trata de pensar e de falar e de agir racionalmente. Na origem de nossas formas dominantes de racionalidade, o saber está em outro lugar distinto do da experiência. Portanto, o *logos* do saber, a linguagem da teoria, a linguagem da ciência, não pode nunca ser a linguagem da experiência.

Na ciência moderna o que ocorre com a experiência é que ela é objetivada, homogeneizada, controlada, calculada, fabricada, convertida em experimento. A ciência captura a experiência e a constrói, elaborada e expõe segundo seu ponto de vista, a partir de um ponto de vista objetivo, com pretensões de universalidade. Porém com isso elimina o que a experiência tem de experiência e que é, precisamente, a impossibilidade de objetivação e a impossibilidade de universalização. A experiência é sempre de alguém, subjetiva, é sempre daqui e de agora, contextual, finita, provisória, sensível, mortal, de carne e osso, como a própria vida. A experiência tem algo da opacidade, da obscuridade e da confusão da vida, algo da desordem e da indecisão da vida. Por isso, na ciência, tampouco há lugar para a experiência, por isso a ciência também menospreza a experiência, por isso a linguagem da ciência tampouco pode ser a linguagem da experiência.

Por essa razão, nos modos de racionalidade dominantes, não há *logos* da experiência, não há razão da experiência, não há linguagem da experiência, por muito que essas formas de racionalidade façam uso e abuso da palavra experiência. E, se houver, trata-se de uma linguagem menor, particular, provisória, transitória, relativa, contingente, finita, ambígua, sempre ligada a um espaço e a um tempo concreto, subjetivo, paradoxal, contraditório, confuso, sempre em estado de tradução, uma linguagem como que de segunda classe, de pouco valor, sem a dignidade desse *logos* da teoria que diz, em geral, o que é e o que deveria ser.

Então, parece-me que a primeira coisa que é preciso fazer é dignificar a experiência, reivindicar a experiência, e isso supõe dignificar e reivindicar tudo aquilo que tanto a filosofia como a ciência tradicionalmente menosprezam e rechaçam: a subjetividade, a incerteza, a provisoriedade, o corpo, a fugacidade, a finitude, a vida...

2.

Porém não é bastante reivindicar a experiência. É importante também fazer soar a palavra experiência de um modo particular, com certa amplitude, com certa precisão. Para isso, vou enunciar agora algumas precauções no uso (ou, melhor, na sonoridade) da palavra experiência que, para mim, tem especial relevância.

A primeira precaução consiste em separar claramente experiência de experimento, em descontaminar a palavra experiência de suas conotações empíricas e experimentais. Trata-se de não fazer da experiência uma coisa, de não objetivá-la, não coisificá-la, não homogeneizá-la, não calculá-la, não torná-la previsível, não fabricá-la, não pretender pensá-la cientificamente ou produzi-la tecnicamente.

A segunda precaução consiste em tirar da experiência todo o dogmatismo, toda a pretensão de autoridade. Vocês sabem que, muitas vezes, a experiência se converte em autoridade, na autoridade que dá a experiência. Vocês sabem quantas vezes nos é dito, a partir da autoridade da experiência, o que é que deveríamos dizer, o que deveríamos pensar, o que deveríamos fazer. Mas o que a experiência faz, precisamente, é acabar com todo dogmatismo: o homem experimentado é o homem que sabe da finitude de toda a experiência, de sua relatividade, de sua contingência, o que sabe que cada um tem que fazer sua própria experiência. Portanto, trata-se de que ninguém deve aceitar dogmaticamente a experiência de outro e de que ninguém possa impor autoritariamente a própria experiência ao outro.

A terceira precaução consiste em separar claramente a experiência da prática. E isso significa pensar a experiência não a partir da ação e sim a partir da paixão, a partir de uma reflexão do sujeito sobre si mesmo do ponto de vista da paixão. O sujeito da experiência não é, em primeiro lugar, um sujeito ativo, e sim um sujeito passional, receptivo, aberto, exposto. O que não quer dizer que seja passivo, inativo: da paixão também se desprende uma epistemologia e uma ética, talvez inclusive uma política, certamente uma pedagogia. Mas se trata de manter sempre na experiência esse princípio de receptividade, de abertura, de disponibilidade, esse princípio de paixão, que é o que faz com que, na experiência, o que se descobre é a própria fragilidade, a própria vulnerabilidade, a própria ignorância, a própria impotência, o que repetidamente escapa ao nosso saber, ao nosso poder e à nossa vontade.

Também é preciso evitar, como quarta precaução, fazer da experiência um conceito. Eu creio que o leitor acadêmico, o leitor investigador, tanto o teórico como o prático, quer chegar rápido demais à ideia, ao conceito. É um leitor que está sempre apressado, que quer se apropriar rápido demais daquilo que lê, que quer usá-lo muito rapidamente. A mim acontece, às vezes, quando falo da experiência um tanto obliquamente, quando trato de assinalá-la sem determiná-la, que consigo certa atenção, mas, ao mesmo tempo, me dá a impressão de que provoco certo desassossego. Algo assim como "tudo bem professor, muito interessantes suas palavras, muito sugestiva sua exposição, mas, qual é sua ideia de experiência? o que entende exatamente por experiência? o que seria então pensar o professor e o aluno como sujeitos de experiência? como se poderia pensar a formação do professorado a partir da experiência? qual é seu conceito de experiência? o que é exatamente a experiência?". Parece-me que, se a função dos conceitos, como certa vez escreveu María Zambrano, é tranquilizar o homem que consegue possuí-los, talvez querer chegar demasiado rápido ao conceito seja como querer se tranquilizar demasiado rápido. Além do mais, não estou certo de que a pergunta "o que é?" seja a melhor

A experiência e suas linguagens

pergunta nem a mais importante. E às vezes, precisamente para não chegar demasiado depressa, para que os processos de elaboração de sentido sejam mais lentos, menos superficiais, menos tranquilos, mais intensos, é preciso resistir a responder a essas perguntas pelo conceito, é preciso resistir à pergunta "o que é?", é preciso resistir a fazer da experiência um conceito, é preciso resistir a determinar o que é a experiência, a determinar o ser da experiência. Mais ainda, talvez seja preciso pensar a experiência como o que não se pode conceituar, como o que escapa a qualquer conceito, a qualquer determinação, como o que resiste a qualquer conceito que trata de determiná-la... não como o que é e sim como o que acontece, não a partir de uma ontologia do ser e sim de uma lógica do acontecimento, a partir de um *logos* do acontecimento. Pessoalmente, tentei fazer soar a palavra experiência perto da palavra vida, ou melhor, de um modo mais preciso, perto da palavra existência. A experiência seria o modo de habitar o mundo de um ser que existe, de um ser que não tem outro ser, outra essência, além da sua própria existência corporal, finita, encarnada, no tempo e no espaço, com outros. E a existência, como a vida, não pode ser conceitualizada porque sempre escapa a qualquer determinação, porque é, nela mesma, um excesso, um transbordamento, porque é nela mesma possibilidade, criação, invenção, acontecimento. Talvez por isso se trata de manter a experiência como uma palavra e não fazer dela um conceito, trata-se de nomeá-la com uma palavra e não de determiná-la como um conceito. Porque os conceitos dizem o que dizem, mas as palavras dizem o que dizem e, além disso, mais outra coisa, Porque os conceitos determinam o real e as palavras abrem o real. E a experiência é o que é, e além disso mais outra coisa, e além disso uma coisa para você e outra coisa para mim, e uma coisa hoje e outra amanhã, e uma coisa aqui e outra coisa ali, e não se define por sua determinação e sim por sua indeterminação, por sua abertura.

A quinta precaução consiste em evitar fazer da experiência um fetiche ou, o que seria ainda pior, um imperativo. Há uns dias, na cantina de alguma Faculdade de Educação, começou uma brincadeira por causa de um sujeito que queria escapar à determinação de seu signo zodiacal, que dizia que não tinha signo zodiacal, que não se sentia nem peixe nem virgem nem aquário nem nada... aí alguém contou que, numa ocasião, na Argentina, se atreveu a dizer que não tinha inconsciente, que fazia vários anos que vinha procurando seu inconsciente mas nunca o havia encontrado... e, naturalmente, todos os argentinos presentes disseram que ele tinha sim inconsciente, que como não teria, que tinha inconsciente ainda que não soubesse, que todos temos inconsciente... alguém disse depois que quando os espanhóis chegaram à América tinham certas dúvidas sobre se os índios tinham alma... embora depois decidissem que tinham alma sim, ainda que não soubessem, e que era necessário salvar sua alma, mesmo que eles não vissem a necessidade... alguém disse que algo parecido acontece na Espanha agora com essa questão do multiculturalismo, que quando chega um emigrante da África, depois de muitas penalidades, alguém lhe diz que aqui todos temos cultura e que ele, naturalmente, tem a sua, e que, além disso, nós vamos reconhecê-la e vamos respeitá-la e, inclusive, como já acontece em algumas escolas, vamos ensiná-la. Quero dizer que já nos foi implantado um signo zodiacal, um inconsciente, uma alma, uma cultura... embora não vejamos necessidade... e vamos ver se agora também nos vão implantar uma experiência e todos vamos ter que começar a procurá-la, a reconhecê-la e a elaborá-la. No campo educativo, inicialmente, o que importava era a vocação, o amor às crianças e essas coisas. Depois, com toda essa retórica humanista e neo-humanista, o que

A experiência e suas linguagens

importava é que, para ser educado, era preciso ter uma "ideia de homem" e aí andávamos tratando de elaborar essa ideia tão extravagante. Mais tarde quiseram que desenvolvêssemos competências técnicas profissionais do modo que os profissionais de outras áreas técnico-científicas. Era a época em que se usava tanto a comparação entre os pedagogos e os médicos ou os engenheiros. Depois nos mandaram refletir sobre a prática, que desenvolvêssemos nossa consciência reflexiva. E vamos ver se agora vão mandar que identifiquemos e elaboremos nossa experiência pessoal. Isso seria converter a experiência em um fetiche e em um imperativo, como são um fetiche e um imperativo o signo zodiacal, a alma, a identidade profissional, a cultura, a ideia de homem, a vocação, a consciência crítica, o inconsciente e todas essas coisas que nos dizem que temos embora não saibamos, que nos dizem que deveríamos ter mesmo que nunca tenhamos sentido a necessidade, e que nos dizem que temos que aprender a buscar, a reconhecer e a elaborar.

A sexta e a última precaução consiste em tratar de fazer da palavra experiência uma palavra afiada, precisa, uma palavra inclusive difícil de utilizar, e isso para evitar que tudo se converta em experiência, que qualquer coisa seja experiência, para evitar que a palavra experiência fique completamente neutralizada e desativada. Talvez por isso o que tentei fazer em meus escritos, bem ou mal, é dizer o que a experiência não é, como para limpar um pouco a palavra, mas, ao mesmo tempo, para deixá-la livre e solta, para deixá-la o mais vazia e o mais independente possível. E o mesmo ocorre com as linguagens da experiência, com a narração, com o ensaio, com a crônica, que é preciso reivindicar, mas que é preciso procurar ao mesmo tempo não normatizar e não trivializar e não fazer deles, tampouco, nem uma moda, nem um fetiche, nem um imperativo.

Enfim, andamos por aí, matutando sobre isso da experiência e das linguagens da experiência, e pensando às vezes que, se a experiência começa a ser tratada no campo pedagógico como uma coisa, e começam a abundar os cientistas ou os técnicos da experiência, se a experiência começa a funcionar dogmaticamente, e começam a abundar os que se amparam na autoridade da experiência, passa-se a subordinar a experiência à prática e se faz dela um componente da prática, algo que tem a ver com a melhora da prática, se se começa a fazer da experiência um conceito bem definido e bem determinado, se a experiência começa a funcionar no campo pedagógico como um fetiche ou como um imperativo, se a palavra experiência começa a ser uma palavra demasiado fácil... então vamos ter que abandoná-la ao inimigo e, mesmo só para nos opormos, vamos ter que começar a reivindicar a inexperiência e a explorar o que a palavra inexperiência (ou o par inexperiência/absurdo) pode nos ajudar a dizer, a pensar e a fazer no campo pedagógico...

3.
Até aqui, três coisas. Primeiro, um convite a explorar o par experiência/sentido como alternativa ou como suplemento a um pensamento da educação elaborado a partir do par ciência/técnica ou a partir do par teoria/prática. Segundo, a necessidade de reivindicar a experiência e de lhe dar certa legitimidade no campo pedagógico. E terceiro, algumas precauções para que esse pensamento da experiência, ou a partir da experiência, não se volte contra a experiência e a torne outra vez impossível, e a deixe outra vez sem linguagem. Até aqui um discurso, digamos, positivo, construtivo, desses com os quais é fácil se identificar, com os quais é fácil estar de acordo. A partir de agora vou colocar meu discurso em um lugar um pouco mais radical, um pouco mais

A experiência e suas linguagens

difícil, um pouco mais arriscado. Para dar certo sentido a essa questão da experiência e das linguagens da experiência e, sobretudo, para colocar a vocês (e a mim mesmo) certas dificuldades, talvez para compartilhar com vocês algo que me inquieta, algo que ainda não sei como pensar, mas que tenho a sensação de que merece ser escutado, vou ler três textos sobre a experiência, três textos desses que quase deixam você sem palavras, tão radicais que quase nos colocam nessa inexperiência e absurdo com o que brincava há um momento.

Vou começar lendo o princípio de uma conferência pronunciada em Hamburgo pelo escritor húngaro Imre Kertész, o autor da trilogia sobre a falta de destino.[4] O primeiro fragmento diz assim

> [...] o conferencista [...] nasceu no primeiro terço do século XX, sobreviveu a Auschwitz e passou pelo estalinismo, presenciou de perto, como habitante de Budapeste, um levante nacional espontâneo, aprendeu, como escritor, a se inspirar exclusivamente no negativo, e seis anos depois do final da ocupação russa chamada socialismo [...] encontrando-se no interior desse vazio voraginoso que nas festas nacionais se denomina liberdade e que a nova constituição define como democracia, se pergunta se suas experiências servem de algo ou se viveu de tudo em vão.

Temos, para começar, uma vida que atravessa o século, que padece a história do século, e que se pergunta se suas experiências servem de algo ou se viveu sua vida em vão. Se suas experiências não servem de nada, então terá vivido sua vida em vão. Suas experiências são sua vida, o que aconteceu a ele, o que ele viveu. Por isso sua pergunta tem a ver com o valor e

---

[4] KERTÉSZ, I. Ensayo de Hamburgo. In: *Un instante de silencio en el paredón*. Barcelona: Herder, 1999.

o sentido dessa vida tanto para si mesmos como para os outros. Uma vida em vão é uma vida sem sentido e sem valor, nem para si próprio nem para os outros, e sentido e valor não são o mesmo que utilidade, uma vida em vão não é o mesmo que uma vida inútil visto que uma vida pode ser futilmente útil.

O texto continua assim:

> [...] quando falo de minhas experiências, refiro-me à minha pessoa, à formação da minha personalidade, ao processo cultural-existencial que os alemães chamam de *Bildung*, e não posso negar que a história marcou em cheio com seu selo as experiências que marcaram minha personalidade.

Dir-se-ia que Kertérsz nomeia aqui a relação clássica entre experiência e formação: a experiência é o que me acontece e o que, ao me acontecer, me forma ou me transforma, me constitui, me faz como sou, marca minha maneira de ser, configura minha pessoa e minha personalidade. Por isso, o sujeito da formação não é o sujeito da educação ou da aprendizagem e sim o sujeito da experiência: a experiência é a que forma, a que nos faz como somos, a que transforma o que somos e o que converte em outra coisa. E o que Kertész parece dizer é que a história produziu as experiências que determinaram sua personalidade. O que ele é, o é pelas experiências históricas que viveu, pelo modo como viveu o que o seu tempo lhe permitiu viver, o fez viver. Porém:

> [...] por outro lado, podemos definir como traço mais característico do século XX precisamente o fato de haver varrido de maneira completa a pessoa e a personalidade. Como estabelecer, pois, uma relação entre minha personalidade formada por minhas experiências e a história que nega a cada passo e até aniquila minha personalidade?

A experiência e suas linguagens

É como se o que o século XX nos houvesse permitido viver fosse umas experiências encaminhadas para destruir a pessoa e a personalidade. E aqui está o primeiro paradoxo: as experiências deste século determinaram minha personalidade, mas essas experiências têm como efeito, precisamente, destruir a personalidade: o que determina minha personalidade é que minha personalidade foi destruída. E continua:

> [...] aqueles que viveram ao menos um dos totalitarismos desse século, seja a ditadura nazi seja a da foice e do martelo, compartilharão comigo a inevitável preocupação por esse dilema. Porque a vida de todos eles teve um trecho em que pareciam não viver suas próprias vidas, em que se encontravam a si mesmos em situações inconcebíveis, desempenhando papéis dificilmente explicáveis para o sentido comum e atuando como nunca teriam atuado se tivessem dependido de seu juízo sadio, em que se viam forçados a escolher opções que não lhes vinham do desenvolvimento interno de seu caráter, e sim a partir de uma força externa parecida com um pesadelo. Não se reconheciam, em absoluto, nesses trechos de sua vida que mais tarde recordavam de forma confusa e até transtornada; e os traços que não conseguiram esquecer, mas que pouco a pouco, com a passagem do tempo, se convertiam em anedota e, portanto, em algo estranho, não se transformavam em parte constitutiva de sua personalidade, em vivências que pudessem ter continuidade e construir sua personalidade; em uma palavra, de nenhum modo queriam se consolidar como experiência no ser humano.

O que vivi, parecia dizer Kertész, o que milhões de pessoas como eu viveram, é a sensação de não ter vivido a própria vida, a sensação de não haver tido uma vida própria, uma vida a que se possa chamar de minha, uma vida da qual possamos nos apropriar. Nós não pudemos reconhecer a nós mesmos no que nós vivíamos, por isso o que nós vivemos não tem nada a ver conosco, foi algo estranho a nós, e assim não se pôde converter em parte de nossa pessoa, de nossa personalidade. O fragmento que queria ler para vocês acaba assim: "[...] a não elaboração das experiências e, em alguns casos, a impossibilidade inclusive de elaborá-las: esta é, creio eu, a experiência característica e incomparável do século XX".

A impossibilidade de elaborar as experiências, de lhes dar um sentido próprio. E se as experiências não são elaboradas, se não adquirem um sentido, seja ele qual for, com relação à própria vida, não podem se chamar, estritamente, experiências. E, portanto, não podem se transmitir.

Permitam-me agora produzir um eco entre este fragmento de Kertész e o famosíssimo texto de Walter Benjamin intitulado "O narrador", um texto clássico para a compreensão dessa relação entre experiência e sentido com que estamos trabalhando.[5] O texto, como todos vocês sabem, começa com a constatação do desaparecimento da figura do narrador e, com ela, com a desaparição da faculdade de intercambiar experiências. O primeiro parágrafo desse texto acaba com esta frase célebre: "[...] dirias que uma capacidade que nos parecesse inalienável, a mais segura entre as seguras, nos está sendo retirada: a capacidade de intercambiar experiências". Nesse texto, o relato é a linguagem da experiência, a experiência se elabora em forma de relato, a matéria-prima do relato é a experiência, a vida. Portanto, se o relato desaparece, desaparece também a língua com a qual

---

[5] BENJAMIN, W. El narrador. In: *Para una crítica de la violencia y otros ensayos.* Madri: Taurus, 1991.

se intercambiam as experiências, desaparece a possibilidade de intercambiar experiências.

Porém, o fragmento que queria ler para vocês, igualmente famoso, está no segundo parágrafo e diz assim:

> [...] com a Guerra Mundial começou a se tornar evidente um processo que ainda não se deteve. Acaso não se notou que as pessoas voltavam emudecidas do campo de batalha? Em vez de retornarem mais ricas em experiências comunicáveis, voltavam empobrecidas. Tudo aquilo que dez anos mais tarde se traduziu numa maré de livros de guerra, nada tinha a ver com experiências que se transmitem de boca em boca. E isso não era surpreendente, pois jamais as experiências resultantes da refutação de mentiras fundamentais significam um castigo tão severo como o infligido à experiência estratégica pela guerra de trincheiras, à experiência econômica pela inflação, à experiência corporal pela batalha material, à experiência ética pelos detentores do poder. Uma geração que ainda havia ido à escola em bondes puxados a cavalos, se encontrou subitamente à intempérie, em uma paisagem em que nada havia restado sem mudanças, exceto as nuvens. Entre elas, rodeado por um campo de força de correntes devastadoras e explosões, se encontrava o minúsculo e quebradiço corpo humano.

Os homens viveram a guerra, mas estão mudos, não podem contar nada, ou simplesmente não têm nada para contar. Além disso, quando chegam em casa, tudo mudou ao seu redor, se encontram em um mundo que não compreendem, apenas frágeis e quebradiços corpos humanos, apenas pura vida desnuda, meros sobreviventes. E continuam mudos. No centro de um campo de forças tão devastador como incompreensível ficam sem palavras. As palavras que possuíam, as que podiam elaborar e transmitir em forma de relato algumas experiências ainda próprias ou apropriáveis, já não servem. E as palavras que podiam servir, ainda não existem.

Kermés fala do nazismo ou do estalinismo, Benjamin fala da Primeira Guerra, mas o que dizem é o mesmo: não sei o que me acontece, isto que me acontece não tem sentido, não tem a ver comigo, não pode ser, não posso compreender, não tenho palavras.

O terceiro texto é de Giorgio Agamben, de um livro que se chama *Infância e história: destruição da experiência*, e vou ler para vocês o princípio do prólogo.[6] O começo do texto é uma homenagem a Benjamin, e diz assim:

> [...] na atualidade, qualquer discurso sobre a experiência deve partir da constatação de que já não é algo realizável. Pois assim como foi privado de sua biografia, o homem contemporâneo foi expropriado de sua experiência: melhor dizendo, a incapacidade de ter e transmitir experiências talvez seja um dos poucos dados corretos que possui sobre si mesmo. Benjamin, que já em 1933 havia diagnosticado com precisão essa "pobreza de experiência" da época moderna, assinalava suas causas na catástrofe da guerra mundial [...]

Até aqui Benjamin: a impossibilidade de ter e transmitir experiências. Mas o texto continua:

> [...] todavia, hoje sabemos que para efetuar a destruição da experiência não se necessita, em absoluto, de uma catástrofe e que para isso basta perfeitamente a pacífica existência cotidiana numa grande cidade. Pois a jornada do homem contemporâneo já quase não

---

[6] AGAMBEN, G. *Infância e história: destruição da experiência e origem da história.* Belo Horizonte: Ed. UFMG, 2005.

contém nada que ainda possa se traduzir em experiência: nem a leitura do jornal, tão rica em notícias que o contemplam a partir de uma intransponível distância, nem os minutos passados ao volante de um carro em um congestionamento; também não a viagem aos infernos nos trens do subterrâneo, nem a manifestação que de improviso bloqueia a rua, nem a névoa dos gases lacrimogêneos que se dissipa lentamente entre os edifícios do centro, nem sequer os breves disparos de um revolver retumbando em alguma parte; tampouco a fila em frente às janelas de um escritório, ou a visita ao paraíso do supermercado, nem os momentos eternos de muda promiscuidade com desconhecidos no elevador ou no ônibus. O homem moderno volta à noite para sua casa extenuado por uma imensidade de acontecimentos – divertidos ou tediosos, insólitos ou comuns, atrozes ou prazerosos – sem que nenhum deles se tenha convertido em experiência.

Benjamin e a Primeira Guerra, Kertész, os regimes totalitários e esse vazio que se chama liberdade ou democracia; Agamben, a vida cotidiana em uma grande cidade. O século XX, um século em que se coloca em funcionamento massivo uma série de dispositivos que tornam impossível a experiência, que falsificam a experiência ou que nos permitem nos desembaraçarmos de toda a experiência (Agamben diz isso da droga, que talvez houvesse uma época em que as pessoas tinham a sensação de que com as drogas estavam fazendo novas experiências, mas que a atual toxicomania de massas funciona para que possamos nos desembaraçar de toda a experiência). Podemos então, sem impostura, continuar falando da experiência? não será que o discurso sobre a experiência e a reivindicação da experiência podem funcionar hoje com certa facilidade precisamente porque tratam de algo que já não existe? não será preciso rechaçar também a experiência? O próprio Agamben parece apontar para isso quando escreve:

> [...] nunca se viu, no entanto, um espetáculo mais repugnante de uma geração de adultos que depois de haver destruído até a última possibilidade de uma experiência autêntica, acusa sua miséria a uma juventude que já não é capaz de experiência. Em um momento em que se quisesse impor a uma humanidade à qual de fato foi expropriada a experiência, uma experiência manipulada e guiada como um labirinto para ratos, quando a única experiência possível é o horror ou mentira, o repúdio à experiência pode então constituir – provisoriamente – uma defesa legítima.

4.

Como podem ver, nos textos que li são formuladas teses muito radicais. Já não há experiência porque vivemos nossa vida como se não fosse nossa, porque não podemos entender o que nos acontece, porque é tão impossível ter uma vida própria quanto ter uma morte própria (assim como nossa morte é anônima, insignificante, intercambiável, alheia, assim como temos sido despojados de nossa morte, nossas vidas também são anônimas, insignificantes, intercambiáveis, alheias, vazias de sentido, ou dotadas de um sentido falso, falsificado, algo que nos é vendido no mercado como qualquer outra mercadoria, pensem em todos os dispositivos sociais, religiosos, midiáticos, terapêuticos que funcionam para dar uma aparência de sentido, pensem em como constantemente compramos sentido, em como seguimos qualquer um que nos venda um pouco de sentido) porque a experiência daquilo que nos acontece é que não sabemos o que nos acontece, porque a experiência de nossa língua é que não temos língua, que estamos mudos, porque a experiência de quem somos é não sermos ninguém.

A experiência e suas linguagens

A primeira tese é que a experiência foi destruída e, em troca, nos é dada uma experiência falsa. A segunda tese, correlata à primeira, é que não há linguagem para elaborar a experiência, que nos faltam palavras, que não temos palavras, ou que as palavras que temos são tão insignificantes, tão intercambiáveis, tão alheias e tão falsas como o que nos acontece, como nossa vida. A terceira tese é que não podemos ser alguém, que tudo o que somos ou o que podemos ser foi fabricado fora de nós, sem nós, e é tão falso como imposto, que não somos ninguém ou que o que somos é falso. Portanto, falar da experiência, ou da formação, ou das linguagens da experiência, é falar da mais pura banalidade, ou então de algo que é falso, ou então de algo que só existe como nostalgia ou como desejo, porém, em qualquer caso, como impossibilidade.

Parece-me que, a partir daqui, poderíamos fazer várias coisas. A primeira seria ir pensando o que pode ser a experiência ou o que pode significar reivindicar a experiência ou as linguagens da experiência no campo pedagógico depois dessa impossibilidade, algo assim como começar a pensar sobre terra queimada. Significaria que pensássemos se o que Kertész, ou Benjamin ou Agamben dizem da vida das pessoas comuns de sua época e de si mesmos poderia ser trasladado para nossas vidas e, sobretudo, para a experiência de ser professor ou de ser aluno, para a experiência de habitar um espaço escolar, um espaço pedagógico, se seria possível dar a ele certo sentido de que a experiência da escola é uma experiência na qual não vivemos nossa vida, na qual o que vivemos não tem a ver conosco, é estranho a nós, se da escola, tanto se somos professores quanto se somos alunos, voltamos exaustos e mudos, sem nada para dizer, se a escola faz parte desses dispositivos que destroem a experiência ou que a única coisa que fazem é nos desembaraçar da experiência. A segunda possibilidade seria protestar, retroceder posições e voltar a formular umas teses menos radicais, dessas que são mais construtivas, que provocam mais unanimidades. A terceira possibilidade seria pensar se é possível viver honradamente, também na educação, a impossibilidade da experiência, a falta de sentido, a ausência de palavras, a consciência de que não somos ninguém. Mas, na realidade, creio que a opção é de vocês. Eu lhes proponho esses jogos e a vocês cabe, soberanamente, aceitá-los ou modificá-los, ou propor outros, ou nenhum.

O texto de Benjamin está atravessado de nostalgia, é um texto elegíaco. O texto de Kertész está atravessado de desespero, é um texto desesperado. O texto de Agamben, entre nostálgico e desesperado, tenta abrir um espaço para pensar a experiência de outro modo, não como algo que perdemos ou como algo que não podemos ter, e sim como algo que talvez aconteça agora de outra maneira, de uma maneira para a qual, talvez, ainda não temos palavras. E é aí onde queria terminar essa conferência sobre a experiência e as linguagens da experiência, em que talvez ainda não temos palavras.

Muito obrigado, e agradeço a vocês, sinceramente, sua atenção e sua companhia, porque tratei de formular perplexidades e não certezas, porque me sinto cada vez mais atônito e agradeço que tenham escutado e talvez compartilhado minha perplexidade, porque sinto cada vez mais claramente que não tenho nada o que dizer, e vocês me ajudaram a dizer que não tenho palavras... e me ajudaram a buscá-las.

CAPÍTULO 3

Uma língua para a conversação[1]

Tradução de Cristina Antunes

A cada frase que passe por tua cabeça, pergunta-te:
esta é realmente minha língua?

Peter Handke

A seção universitária do assim chamado "espaço educativo europeu" (inseparável de um espaço universitário quase totalmente mundializado) está se configurando como uma enorme rede de comunicação entre pesquisadores, *experts*, profissionais, especialistas, estudantes e professores. Constantemente são formados grupos de trabalho, redes temáticas, núcleos nacionais e internacionais de pesquisa e de docência. A informação circula, as pessoas viajam, o dinheiro abunda, as publicações se multiplicam. Proliferam os encontros de todos os tipos e, com eles, as oportunidades para o intercâmbio, para a discussão, para o debate, para o diálogo. Por todas as partes se fomenta a comunicação. As atividades universitárias de produção e de transmissão de conhecimento se planificam, se homologam e se coordenam massivamente. E todos os dias

---

[1] Publicado em: LARROSA, Jorge; SKLIAR, Carlos (Eds.). *Entre Pedagogía y literatura*. Buenos Aires. Miño y Dávila, 2007.

somos convidados a falar e a escutar, a ler e a escrever, a participar ativamente nesse gigantesco maquinário de fabricação e de circulação de informes, de projetos, de textos.

A pergunta é: em que língua? E também: pode ser *essa* língua a *nossa* língua?

Nota:

Ao perguntar *em que língua?* não me refiro ao espanhol, ao francês, ao inglês ou ao esperanto. Com essa pergunta só trato de chamar sua atenção sobre a importância da linguagem e apelar à sua capacidade para distinguir as diferentes línguas que podem existir em uma língua, em qualquer língua. Lembro a você, então, o que certamente já sabe, isso que, se não sabe, ainda que seja de modo obscuro, dificilmente poderei lhe explicar: que a linguagem não é apenas algo que temos e sim que é quase tudo o que somos, que determina a forma e a substância não só do mundo mas também de nós mesmos, de nosso pensamento e de nossa experiência, que não pensamos a partir de nossa genialidade e sim a partir de nossas palavras, que vivemos segundo a língua que nos faz, da qual estamos feitos. E aí o problema não é só o que é aquilo que dizemos e o que é que podemos dizer, mas também, e sobretudo, *como dizemos*: o modo como diferentes maneiras de dizer nos colocam em diferentes relações com o mundo, com nós mesmos e com os outros.

Aprendi isso de alguns amigos especialmente sensíveis ao que poderíamos chamar de *a forma da verdade*. Eles me ensinaram a ler prestando atenção não tanto ao conteúdo doutrinário dos diferentes filósofos e das diferentes filosofias, mas a suas opções formais. E a ver nessas opções profundas consequências éticas e políticas. Poderia lhe falar de Platão, de sua opção pelo diálogo ou de sua crítica da escrita, de Montaigne e da invenção do ensaio, de Nietzsche e de sua opção pelas formas dogmáticas, jornalísticas e profissionais da filosofia, de Kierkegaard respondendo ao pensar sistemático de Hegel, de Foucault e de sua concepção da crítica como um trabalho permanente de insubordinação da rede que a verdade e o poder tecem, tanto pelo lado da verdade do poder quanto pelo lado do poder da verdade. Mas não quero dar a você uma bibliografia (nada seria mais imbecil do que lhe dizer o que *você deveria* ler) nem muito menos colocar minhas palavras sob alguma autoridade. A única coisa que pretendo é contar a você que, para mim, todos eles me ensinaram muitas coisas e muito importantes, mas me ensinaram, sobretudo, a afinar o ouvido. Algo que me ensinaram também vários poetas e alguns narradores. E muitas pessoas de meu próprio ofício para as quais o falar e o escutar, o ler e o escrever, não são uma ferramenta que se domina com maior ou menor habilidade e sim um problema no qual se jogam coisas muito mais graves do que a eficácia da comunicação.

A partir daí, a única coisa que tento lhe dizer é que ao perguntar pela língua na qual se constitui essa gigantesca rede de comunicação em que, segundo dizem, todos deveríamos participar, estou convidando você a pôr em jogo o seu próprio ouvido linguístico, sua própria sensibilidade ao modo como algumas formas de escrever e de ler, de falar e de escutar, ampliam a submissão, o conformismo, a estupidez, a arrogância e a brutalidade.

Por outro lado, ao perguntar *se essa língua pode ser a nossa* não estou falando da minha língua nem da sua, nem tampouco de alguma língua que poderia ser comum para você e para mim. Não sei quem você é, e muito menos qual é a sua língua. No que diz respeito à minha, a única coisa que sei é que a estou procurando cada vez que falo ou que escrevo ou que escuto ou que leio e que, em qualquer caso, nunca serei eu quem irá encontrá-la. Além do mais, aprendi a desconfiar de qualquer "nós" enunciado com a pretensão de me incluir em qualquer identidade posicional do tipo nós os professores, nós as mulheres, nós os filósofos, nós os europeus, nós os intelectuais, nós os críticos, nós os jovens, nós os que temos algo em comum. Quando ouço algum desses "nós" me dá vontade de levantar a mão e de dizer que não tenho nada a ver com isso.

O que quero dizer é que, quando leio o que circula por *essas* redes de comunicação ou ouço o que se diz *nesses* encontros de especialistas, a maioria das vezes tenho a impressão de que aí funciona uma espécie de língua de ninguém, uma língua neutra e neutralizada da qual se apagou qualquer marca subjetiva. Então o que me acontece é que me dá vontade de levantar a mão e de perguntar *há alguém aí?* Além disso, sinto também que essa língua não se dirige a ninguém, que constrói um leitor ou um ouvinte totalmente abstrato e impessoal. Uma língua sem sujeito só pode ser a língua de uns sujeitos sem língua. Por isso tenho a sensação de que essa língua não tem nada a ver com ninguém, não só com você ou comigo e sim com ninguém, que é uma língua que ninguém fala e que ninguém escuta, uma língua sem ninguém dentro. Por isso não pode ser nossa, não só porque não pode ser nem a sua nem a minha, mas também, e sobretudo, porque não pode estar *entre* você e eu, porque não pode estar *entre nós*.

1.

Há uma tentativa em andamento para livrar a linguagem de sua incômoda espessura, uma tentativa de apagar das palavras todo o sabor e toda a ressonância, a tentativa de impor pela violência uma linguagem lisa, sem manchas, sem sombras, sem rugas, sem corpo, a língua dos deslinguados, uma língua sem outro na qual ninguém escuta a si mesmo quando fala, uma língua despovoada.

José Luis Pardo

Não há políticas da verdade que não sejam, ao mesmo tempo, políticas da língua. Os aparatos de produção, legitimação e controle do conhecimento são, indistintamente, aparatos de produção, legitimação e controle de certas linguagens.

Iniciar-se numa área do saber é, fundamentalmente, aprender suas regras linguísticas: aprender a falar, a escutar, a ler e a escrever como está determinado. Pertencer a uma comunidade científica ou a uma comunidade de especialistas (se é que essas montagens institucionais merecem o nome de comunidades) supõe haver interiorizado seus vocabulários e suas gramáticas, manejar corretamente suas regras de construção e de interpretação de enunciados, saber usar as linguagens da tribo.

Mas se uma língua é um dispositivo de acolhida e de pertinência, também é um dispositivo de repúdio e de exclusão: daqueles que não a dominam, que não a aceitam, que nela não se sentem à vontade, que não a usam, que não se submetem a suas regras, que não obedecem a seus imperativos.

Nota:

Detenhamo-nos um momento no ocultamento sistemático dessas políticas da língua que são constitutivas de todas as políticas da verdade. Você terá notado que, na Universidade, sobretudo naqueles níveis em que os estudantes se iniciam na pesquisa e/ou na produção de conhecimento, ou seja, na fabricação de textos legítimos, se problematiza intensamente o método, mas não a leitura e nem a escrita. E talvez para você, como para mim, as maiores preocupações estejam relacionadas justamente com a leitura e com a escrita. O que de verdade nos preocupa é o que e como ler e o que e como escrever. Sabemos que é aí o lugar por onde passam as opções mais importantes. Mas ninguém fala disso. Como se desse por suposto que, tendo chegado a esse nível, todo mundo já soubesse ler e escrever, e que, se não sabe, a única coisa que é preciso fazer é melhorar as competências instrumentais de expressão e de compreensão. Como se ler não fosse outra coisa que capturar a informação (ideias, dados, notícias, etc.) contida em um texto, e como se escrever não fosse outra coisa que pôr sobre o papel o que se sabe, a informação ou o conhecimento que se obteve antes e em outro lugar que não na escrita. Contudo, o fato de que a leitura e a escrita não se problematizem explicitamente, o fato de que, ao menos aparentemente, nem a leitura nem a escrita sejam um problema, não significa que não sejam o lugar de potentíssimos mecanismos de controle. Se não fosse por esses mecanismos seria impossível a imposição generalizada e a posterior naturalização dessa língua de ninguém.

2.

Primeiro foi se tornando impossível para mim falar sobre um tema elevado ou geral e pronunciar aquelas palavras, tão fáceis de usar, que saem sem esforço da boca de qualquer homem [...]. As palavras abstratas que a língua usa para dar à luz, conforme a natureza, qualquer juízo, se decompunham na minha boca como fungos podres.

Hugo Von Hofmannsthal

Nas últimas décadas se configuraram duas linguagens dominantes no campo educativo: a linguagem da técnica e a linguagem da crítica. A pedagogia continua dividida entre os assim chamados tecnólogos e os assim chamados críticos, entre os que constroem a educação a partir do par ciência/técnica, como uma ciência aplicada, e os que a constroem a partir do par teoria/prática, como uma práxis reflexiva.

A primeira linguagem é a dos cientistas, dos que se situam no campo educativo a partir da legitimidade da ciência e da planificação técnica, dos que usam esse vocabulário da eficácia, da avaliação, da qualidade, dos resultados, dos objetivos; a linguagem dos didatas, dos psicopedagogos, dos tecnólogos, dos que constroem sua legitimidade a partir de sua qualidade de *experts*; a linguagem dos que sabem, dos que se situam em posições de poder por meio de posições de saber.

A segunda linguagem é a dos críticos, dos que se situam no campo a partir da legitimidade da crítica, dos que usam esse vocabulário da reflexão sobre a prática ou na prática; a linguagem dos que consideram a educação como uma práxis política encaminhada para a realização de certos ideais como a liberdade, a igualdade ou a cidadania, e dos que criticam a educação enquanto produz submissão e desigualdade, enquanto destrói os vínculos sociais; a linguagem dos que se situam em posições de poder ao se converterem em porta-vozes desses ideais constantemente desmentidos, repetidamente desenganados.

Entre essas duas línguas se configuram todas as *doxas* que constituem o sentido comum pedagógico. Por um lado, a língua em que se enuncia o que nos dizem que existe, o que nos dizem que é: essa língua em que parece que é a realidade aquela que fala... embora já saibamos que se trata da língua que falam os fabricantes, os donos e os vendedores de realidade. Por outro lado, a língua em que se enuncia o que nos dizem que deveria haver, o que nos dizem que deveria ser: essa língua das possibilidades, das finalidades, das intenções, dos ideais, das esperanças... embora já saibamos que se trata da língua que falam os que produzem e vendem ideais, os proprietários do futuro. A linguagem da realidade e a linguagem do futuro. Ou, em outras palavras, a linguagem dos que falam em nome da realidade e dos que falam em nome do futuro. E, entre a realidade e o futuro, a prática como ponto de passagem obrigatório entre o que é e o que deveria ser. Visto que a educação, segundo dizem, deve partir da realidade, o campo pedagógico é um gigantesco dispositivo de produção de realidade, de *certa realidade*. Como a educação, segundo dizem, deve transformar o que existe por meio de sua própria transformação, o campo pedagógico fabrica incansavelmente projetos para a prática, para *certa prática*. Nossa língua, nos dizem, tem que ser ao mesmo tempo realista, prática e progressista. Se falamos alguma variante dessa linguagem que elabora constantemente projetos para a ação traçando pontes entre fatos (verdadeiros) sobre o que é e (boas) intenções sobre o que deveria ser teremos um lugar seguro e assegurado no campo.

Porém *essa* linguagem nos parece vazia e está se tornando impronunciável para nós.

Nota:

Quando digo que essa linguagem parece vazia, refiro-me à sensação de que se limita a administrar adequadamente o que se sabe, o que se pensa, o que, de alguma forma, se pensa sozinho, sem ninguém que o pense, quase automaticamente. Refiro-me a essa sensação de que tanto os técnicos como os críticos já disseram o que tinham que dizer e já pensaram o que tinham que pensar. Poder-se-ia dizer que tanto seus vocabulários como suas gramáticas já estão constituídos e fixados, embora, obviamente, ainda continuem sendo capazes de enunciados distintos e de ideias inovadoras. Uma gramática é uma série finita de regras de produção de enunciados suscetível de uma produtividade infinita. E quando uma gramática já está constituída, qualquer coisa que se produza em seu interior dá uma sensação de "já dito", de "já pensado", uma sensação de que pisamos em terreno conhecido, de que podemos continuar falando ou pensando em seu interior, sem esforço, sem dificuldades, sem sobressaltos, sem surpresas, quase sem nos darmos conta.

Quando digo que essa linguagem está se tornando impronunciável, refiro-me, por exemplo, a seu caráter totalitário, ao modo como converte em obrigatórias tanto *certa forma* da realidade (junto com *a forma* da verdade que é seu correlato) quanto *certa forma* da ação humana. Também a sua arrogância, o modo como converte em legítima certa posição enunciativa na qual sempre se fala a partir de cima (ou a partir de lugar nenhum, que, para o caso, dá no mesmo) e na qual o sujeito da enunciação se constitui na pretensão de definir o mundo e de transformá-lo. Por último, a essa sensação de que se trata de uma linguagem de aspirantes, se não a filósofo-rei, ao menos a alguma de suas versões degeneradas: intelectual, universal, consciência crítica, porta-voz autorizado ou, simplesmente, funcionário ou burocrata com inclinações político administrativas.

3.

> *Só posso amar aqueles que possuem*
> *uma linguagem insegura; e quero tornar*
> *insegura a linguagem dos que me agradam.*
>
> Peter Handke

Dizem-nos que, se você fala *essa* linguagem, falará a partir da realidade. Primeiro irá inventá-la, depois irá impô-la e finalmente, poderá se apoiar nela. Então, a realidade, com toda a sua força, seu prestígio, sua solidez e sua autoridade, estará do seu lado. Porém, para nós, *essa* realidade nos produz uma estranha sensação de irrealidade. Como se não tivesse densidade, corpo, como se ao se apresentar como uma realidade abstrata, transparente e bem ordenada, nos afastasse da experiência que é sempre situada, concreta, confusa, singular. Como se suspeitássemos que essa maneira de ver, de compreender ou de objetivar o que existe tivesse sua própria cegueira constitutiva, nos impedisse de ver e ouvir, nos tornasse surdos, nos convertesse em incapazes de tocar o mundo de outra forma que não seja produzindo-lhe violência. Além do mais, não está claro que o que existe seja o que nos dizem que existe. Já não confiamos nos que nos dizem o que é o real e como é o mundo. Já não nos fiamos nos que pretendem falar a partir de lugar algum, nos que só podem falar em geral, sem ser eles mesmos os que falam. O que necessitamos talvez não seja uma língua que nos permita objetivar o mundo, uma língua que nos dê a verdade do que são as coisas, e sim uma língua que nos permita viver no mundo, fazer a experiência do mundo, e elaborar com outros o sentido (ou a ausência de sentido) do que nos acontece.

Dizem-nos que, se você fala *essa* linguagem, terá uma relação ativa com o mundo ou, o que dá na mesma, uma relação com o futuro. Porém nós temos problemas com *essa forma* de entender a ação e, sobretudo, com *esse* futuro. Em primeiro lugar, porque temos a sensação de que o modo em que se desenha *esse* futuro faz parte das convenções do presente, de que essa linguagem das alternativas se ajusta demasiado bem à linguagem do planejamento, que é uma linguagem de estado, e à linguagem da inovação, que é uma linguagem de mercado. Além do mais, sabemos, talvez confusamente, que não podemos confiar naqueles que sabem imediatamente o que é que é preciso fazer para que as coisas sejam de outra maneira, e muito menos nos que dizem, sem se envergonhar, o que é que os demais deveriam fazer. Talvez o que necessitamos não seja uma língua em que enunciamos nossos poderes ou nossas impotências, ou em que damos forma à nossa boa vontade, ou em que tranquilizamos nossa boa consciência, mas sim uma língua que nos permita compartilhar com outros a incômoda perplexidade que nos causa a pergunta "o que fazer?" ou as infinitas dúvidas e cautelas com que fazemos o que fazemos.

Dizem que, se você fala *essa* linguagem, falará a partir da autoridade do saber, será inteligente. Mas nós temos problemas com *esse* saber e com *essa* inteligência e sentimos, talvez obscuramente, que não são de confiança. Diante dos que falam mobilizando saberes, parecemos, sem dúvida, mais tolos, mais ignorantes. Nossa língua é mais insegura, mais balbuciante. Não lemos o que todo mundo lê, o que todo o mundo simula que leu. Não queremos escrever como todo mundo escreve. Muitas das palavras sagradas da tribo nos parecem banais, vazias e, portanto, impronunciáveis. Cada vez apagamos mais palavras de nosso vocabulário, como se já não pudéssemos usá-las. Às vezes usamos palavras estranhas, não queremos que nos entendam de imediato. E só somos capazes de escutar àqueles que não entendemos, àqueles que não sabemos de imediato o que é que dizem e o que é que querem dizer.

Dizem que, se você fala essa linguagem, será compreendido por todos, terá um lugar nessa espécie de comunidade universal de fala na qual as palavras e as ideias circulam legitimamente e sem problemas. Mas nós temos problemas com *essa* compreensão e, sobretudo, com *esse* todos. Não queremos que nos compreendam, mas sim que nos escutem, e somos capazes de oferecer, em troca, nossa capacidade para escutar o que talvez não compreendamos. Além disso, não queremos falar para todos, porque sabemos que *esse* todos é, na realidade, ninguém. Não nos fiamos nessa língua dessubjetivada que não tem ninguém dentro, nessa língua de ninguém, nessa língua que falam os que não têm língua. Não queremos essa língua dessubjetivante que não se dirige a ninguém, que parece que só fala para si mesma. Sabemos que falar e escrever, escutar e ler, só são possíveis pela própria pessoa, com outros, mas pela própria pessoa, em primeira pessoa, em nome próprio; que sempre é alguém o que fala, o que escuta, o que lê e escreve, o que pensa. Além do mais, se é verdade que se pode debater ou dialogar com qualquer pessoa, se é verdade, inclusive, que se pode argumentar com qualquer pessoa, somente a cada um concerne com quem quer falar e com quem pode pensar.

Nota:

Se uso o "nós" para dizer que temos problemas com *essa* realidade, com *essa* forma de ação, ou com *esse* saber é, de novo, porque quero apelar a essa sensação de que, *nessa* linguagem, se produz uma realidade de ninguém, uma ação de ninguém e um saber de ninguém. Aí, *nessa* linguagem, não há ninguém dentro da realidade, nem dentro da ação, nem dentro do saber. Por isso nem a realidade, nem a ação, nem o saber podem estar entre nós. Esse "nós" não pretende outra coisa que designar uma linguagem na qual possamos nos falar. Uma linguagem que trate de enunciar a experiência da realidade, a sua e a minha, a de cada um, a de qualquer um, essa experiência que é sempre singular e, portanto, confusa, paradoxal, não identificável. E o mesmo poderíamos dizer da experiência da ação, a de cada um, a de qualquer um, a que não pode ser feita senão apaixonadamente e em meio da perplexidade. E da experiência do saber, a de cada um, a de qualquer um, a que não quer ter outra autoridade que a da experimentação e a incerteza, a que sempre conserva perguntas que não pressupõem as respostas, a que está apaixonada pelas perguntas.

4.

> *A experiência é o lugar onde tocamos*
> *os limites de nossa linguagem.*
> Giorgio Agamben

Necessitamos de uma linguagem para a experiência, para poder elaborar (com outros) o sentido ou a falta de sentido de nossa experiência, a sua, a minha, a de cada um, a de qualquer um.

A experiência é o que nos acontece, não o que acontece, mas sim o que nos acontece. Mesmo que tenha a ver com a ação, mesmo que às vezes aconteça na ação, não se faz a experiência, mas sim se sofre, não é intencional, não está do lado da ação e sim do lado da paixão. Por isso a experiência é atenção, escuta, abertura, disponibilidade, sensibilidade, exposição. Se a linguagem da crítica elabora a reflexão do sujeito sobre si mesmo a partir do ponto de vista da ação, a linguagem da experiência elabora a reflexão de cada um sobre si mesmo a partir do ponto de vista da paixão. O que necessitamos, então, é uma linguagem na qual seja possível elaborar (com outros) o sentido ou a ausência de sentido do que nos acontece e o sentido ou a ausência de sentido das respostas que isso que nos acontece exige de nós.

A experiência é sempre do singular, não do individual ou do particular, mas do singular. E o singular é precisamente aquilo do que não pode haver ciência, mas sim paixão. A paixão é sempre do singular porque ela mesma não é outra coisa que a afeição pelo singular. Na experiência, então, o real se apresenta para nós em sua singularidade. Por isso o real nos é dado na experiência como não identificável (transborda qualquer identidade, qualquer identificação), como irrepresentável (se apresenta de um modo que transborda qualquer representação), como incompreensível (ao não aceitar a distinção entre o sensível e o inteligível transborda qualquer inteligibilidade) ou, em outras palavras, como incomparável, não repetível, extraordinário, único, insólito, surpreendente. Além do mais, se a experiência nos dá o real como singular, então a experiência nos singulariza. Na experiência nós somos também singulares, únicos, inidentificáveis e incompreensíveis.

A experiência não pode ser antecipada, não tem a ver com o tempo linear do planejamento, da previsão, da predição, da prescrição, esse tempo em que nada nos acontece, e sim com o acontecimento do que não se pode "pre-ver", nem "pre-escrever". Por isso a experiência é sempre do que não se sabe, do que não se pode, do que não se quer, do que não depende de nosso saber nem de nosso poder, nem de nossa vontade. A experiência tem a ver com o não-saber, com o limite do que sabemos. Na experiência sempre existe algo de "não sei o que me acontece", por isso não pode se resolver em dogmatismo. A experiência tem a ver com o não-dizer, com o limite do dizer. Na experiência sempre existe algo de "não sei o que dizer", por isso não pode se elaborar na linguagem disponível, na linguagem recebida, na linguagem do que já sabemos dizer. A experiência tem a ver com o não-poder, com o limite do poder. Nela sempre existe algo de "não sei o que posso fazer", por isso não pode se resolver em imperativos, em regras para a prática.

A experiência exige outra linguagem transpassada de paixão, capaz de enunciar singularmente o singular, de incorporar a incerteza.

Nota:

Com esse "necessitamos de uma linguagem para a experiência" quero lhe dizer que gostaria de poder falar com você, pensar com você. Por isso me atrevo agora a convidar você a abandonar as linguagens dominantes da pedagogia, tanto a linguagem da técnica, do saber e do poder, como a linguagem da crítica, da vontade e da ação, essas linguagens que não captam a vida, que estão cheias de fórmulas, que se ajustam perfeitamente à lógica policial da biopolítica, linguagens emprestadas da economia, da gestão, das ciências positivas que tornam tudo calculável, identificável, mensurável, manipulável. E se digo a você que "gostaria de poder falar com você" é também porque não sei em que língua, porque teremos que procurar uma língua que esteja entre nós, uma língua da qual a única coisa que sei é que não pode ser nem a sua nem a minha, que nunca poderá ser a própria de nenhum de nós, mas na qual, talvez, trataremos de nos falar, você e eu, em nome próprio.

Já basta de falar (ou de escrever) em nome da realidade, em nome da prática, em nome do futuro ou em nome de qualquer outra abstração semelhante. Já basta de falar (ou de escrever) como *experts*, especialistas, críticos, porta-vozes, já basta de falar (ou de escrever) a partir de qualquer posição. Para podermos nos falar precisamos falar e escrever, ler e escutar, talvez pensar, em nome próprio, na primeira pessoa, com as próprias palavras, com as próprias ideias. Obviamente, só podemos falar (e escrever) com as palavras comuns, com essas palavras que são ao mesmo tempo de todos e de ninguém. Falar (ou escrever) com as próprias palavras significa se colocar na língua a partir de dentro, sentir que as palavras que usamos têm a ver conosco, que as podemos sentir como próprias quando as dizemos, que são palavras que de alguma maneira nos dizem, embora não seja de nós de quem falam. Falar (ou escrever) na primeira pessoa não significa falar de si mesmo, colocar a si mesmo como tema ou conteúdo do que se diz, mas significa, de preferência, falar (ou escrever) a partir de si mesmo, colocar a si mesmo em jogo no que se diz ou pensa, expor-se no que se diz e no que se pensa. Falar (ou escrever) em nome próprio significa abandonar a segurança de qualquer posição enunciativa para se expor na insegurança das próprias palavras, na incerteza dos próprios pensamentos. Além disso, trata-se de falar (ou de escrever), talvez de pensar, em direção a alguém. A língua da experiência não só traz a marca do falante, mas também a do ouvinte, a do leitor, a do destinatário sempre desconhecido de nossas palavras e de nossos pensamentos. Ao contrário dos que falam (ou escrevem) para ninguém ou para estranhas abstrações, como o especialista, o estudante, o *expert*, o profissional, ou a opinião pública, falar (ou escrever) em nome próprio significa também fazê-lo com alguém e para alguém.

5.

Pensar se parece muito com conversar consigo mesmo.
Talvez por isso conversar — não dialogar nem debater,
conversar — se parece tanto com pensar em comum.

Miguel Morey

Necessitamos de uma linguagem para a conversação. Não para o debate, ou para a discussão, ou para o diálogo, mas para a conversação. Não para participar legitimamente nessas enormes redes de comunicação e intercâmbio cuja linguagem não pode ser a nossa, mas para ver até que ponto ainda somos capazes de nos falarmos, de colocar em comum o que pensamos ou o que nos faz pensar, de elaborar com outros o sentido ou a ausência de sentido do que nos acontece, de tratar de dizer o que ainda não sabemos dizer e de tratar de escutar o que ainda não compreendemos. Necessitamos de uma língua para a conversação como um modo de resistir ao nivelamento da linguagem produzido por *essa* língua neutra na qual se articulam os discursos científico-técnicos, por *essa* língua moralizante na qual se articulam os discursos críticos e, sobretudo, por *essa* língua sem ninguém dentro e sem nada dentro que pretende não ser outra coisa que um instrumento de comunicação. Necessitamos de uma língua para a conversação porque só tem sentido falar e escutar, ler e escrever, em uma língua que possamos chamar de nossa, ou seja, em uma língua que não seja independente de quem a diga, que diga algo a você e a mim, que esteja entre nós.

Nota:

Se uso a palavra "conversação" para lhe dizer, outra vez, que quero falar com você, é porque essa palavra sugere horizontalidade, oralidade e experiência. O que quero dizer a você, então, em primeiro lugar, é que precisamos buscar uma língua que não rebaixe, que não diminua, que não construa posições de alto e baixo, de superior e inferior, de grande e pequeno.

Necessitamos de uma língua que nos permita uma relação horizontal, uma relação em que você e eu possamos nos sentir do mesmo tamanho, na mesma altura.

O que quero dizer a você, em segundo lugar, é que necessitamos de uma língua que não seja apenas inteligível. Repare que em filosofia, e não só em filosofia, quando a questão é estar bem informado sobre o caráter sensível da língua, quando se trata de considerar a língua a partir de sua relação com o corpo e com a subjetividade, frequentemente se apela a noções que têm a ver com a oralidade, com a boca e com a língua, com o ouvido e com a orelha, com a voz. E aí não se trata da diferença entre fala e escrita, mas sim da diferença entre distintas experiências da língua, incluindo o ler e o escrever. A oralidade a que me refiro não se opõe à escrita, mas, ao contrário, atravessa toda a linguagem, como se a escrita tivesse sua própria oralidade, como se fosse possível traçar diferenças entre tipos de escrita segundo suas diversas formas de oralidade. A voz é a marca da subjetividade na experiência da linguagem, também na experiência da leitura e da escrita. Na voz, o que está em jogo é o sujeito que fala e que escuta, que lê e que escreve. A partir daqui se poderia estabelecer um contraste entre uma língua com voz, com tom, com ritmo, com corpo, com subjetividade, uma língua para a conversação... e uma língua sem voz, afônica, átona ou monótona, arrítmica, uma língua dos que não têm língua, uma língua de ninguém e para ninguém, que seria, talvez, essa língua que aspira a objetividade, a neutralidade e a universalidade e que tenta, portanto, o que foi apagado de todo traço subjetivo, a indiferença tanto no que se refere ao falante/escritor quanto no que se refere ao ouvinte/leitor.

E o que quero dizer a você, por último, é que necessitamos de uma língua na qual falar e escutar, ler e escrever seja uma experiência. Singular e singularizadora, plural e pluralizadora, ativa, mas também pessoal, na qual algo nos aconteça, incerta, que não esteja normatizada por nosso saber, nem por nosso poder, nem por nossa vontade, que nunca saibamos de antemão aonde nos leva.

Gostaria de conversar com você.

CAPÍTULO 4

Ferido de realidade e em busca de realidade. Notas sobre as linguagens da experiência[1]

Tradução de Cristina Antunes

Isso é só o que hoje podemos te dizer,
o que não somos, o que não queremos.

Eugenio Montale

Mas o que
mas como
mas de que outro modo
com que cara
continuar vivo
prosseguir.

Idea Vilariño

Há só cada um de nós, como uma cave.
Há só uma janela fechada, e todo o mundo lá fora:
e um sonho do que se poderia ver se a janela se abrisse
que nunca é o que se vê quando se abre a janela.

Fernando Pessoa

---

[1] Publicado em: CONTRERAS, José; LARA, Nuria Pérez de (Eds). *Investigar la experiencia educativa*. Madrid: Morata, 2010.

O *não e o talvez*

A palavra "experiência" serviu a muitos de nós para elaborar uma distância a respeito do que poderíamos chamar de "a ordem do discurso pedagógico", esta ordem que está feita de modos de dizer e de pensar (e de olhar e de escutar, e de ler e de escrever, e de fazer e de querer) nos quais não podemos nos reconhecer. A palavra "experiência" nos serviu e nos serve para nos situar num lugar, ou numa intempérie, a partir da qual se pode dizer não: o que não somos, o que não queremos. Mas nos serviu também para afirmar nossa vontade de viver. Porque se a experiência é o que nos acontece, o que é a vida senão o passar do que nos acontece e nossas torpes, inúteis e sempre provisórias tentativas de elaborar seu sentido, ou sua falta de sentido? A vida, como a experiência, é relação: com o mundo, com a linguagem, com o pensamento, com os outros, com nós mesmos, com o que se diz e o que se pensa, com o que dizemos e o que pensamos, com o que somos e o que fazemos, com o que já estamos deixando de ser. A vida é a experiência da vida, nossa forma singular de vivê-la. Por isso, colocar a relação educativa sob a tutela da experiência (e não da técnica, por exemplo, ou da prática) não é outra coisa que enfatizar sua implicação com a vida, sua vitalidade. Mas como? E sobretudo de que outro modo?

Fazer soar a palavra "experiência" em educação tem a ver, então, com um não e com uma pergunta. Com um não a isso que nos é apresentado como necessário e como obrigatório, e que já não admitimos. E com uma pergunta que se refere ao outro, que encaminha e aponta em direção ao outro (para outros modos de pensamento, e da linguagem, e da sensibilidade, e da ação, e da vontade), porém, sem dúvida, sem determiná-lo. Só porque ainda queremos continuar vivos, prosseguir. E porque ainda intuímos, ou acreditamos intuir, um além de. Um além desse sótão que nos aprisiona, mas do qual sabemos que não será nunca o que acreditamos que poderia ser. É preciso abrir a janela. Porém, sabendo que o que se vê quando a janela se abre nunca é o que havíamos pensado, ou sonhado, nunca é da ordem do "pre-visto". Por isso a pergunta sobre "de que outro modo" não pode ser outra coisa que uma abertura. Para o que não sabemos. Para o que não depende de nosso saber nem de nosso poder, nem de nossa vontade. Para o que só pode se indeterminar como um quem sabe, como um talvez.

Deixar que a palavra "experiência" nos venha à boca (que tutele nossa voz, nossa escrita) não é usar um instrumento, e sim se colocar no caminho, ou melhor, no espaço que ela abre. Um espaço para o pensamento, para a linguagem, para a sensibilidade e para a ação (e sobretudo para a paixão). Porque as palavras, algumas palavras, antes que se desgastem ou se fossilizem para nós, antes de permanecerem capturadas, também elas, pelas normas do saber e pelas disciplinas do pensar, antes que nos convertam, ou as convertamos em parte de uma doutrina ou de uma metodologia, antes que nos subordinem, ou as subordinemos a esse dispositivo de controle do pensamento que chamamos "investigação", ainda podem conter um gesto de rebeldia, um não, e ainda podem ser perguntas, aberturas, inícios, janelas abertas, modos de continuar vivos, de prosseguir, caminhos de vida, possibilidades do que não se sabe, talvez.

Com que cara

O poema da Idea Vilariño não só se interroga por quê, como ou de que outro modo (continuar vivo, prosseguir) como também se pergunta com que cara. Porque, como disse Ferlosio, a cara é o espelho da alma se não é, clara e simplesmente, a alma, ou para dizer ainda mais claramente, a pessoa.[2] E como nos ensinou Gombrowicz, as caras se convertem muito rapidamente em aparências, fachadas, em caras

---

[2] FERLOSIO, R. S. *El alma y la vergüenza*. Barcelona: Destino, 2000.

de pau, em caras duras, em máscaras rígidas, de papier machê, congeladas em uma careta imóvel e grotesca.[3] Sabemos com que facilidade as relações inter-humanas (essas que se dão, ou deveriam se dar, cara a cara) se transformam em mascaradas quando as caras se acartonam em posições mais ou menos institucionalizadas. Além disso, tanto Ferlosio quanto Gombrowicz, ainda que em registros muito diferentes, insistiram em assinalar a voz, junto com o rosto, como os lugares essenciais de singularização humana. E também da experiência humana, porque às vezes a nossa voz falha ou nossa cara se decompõe.

Os pedagogos, os que falam ou escrevem sobre educação, fizeram cara de especialistas, de *experts*, de sacerdotes, de políticos, de técnicos, de pregadores, de professores, de pesquisadores, de funcionários, ou de uma mistura de tudo isso. Por isso falam (e escutam, e leem, e escrevem) na qualidade de especialistas, ou *experts*, ou sacerdotes, ou políticos... sem mostrar a cara. Ou seja, impostando uma voz de técnicos, ou de pregadores, ou de professores, ou de pesquisadores, ou de funcionários... que nunca treme.

Por isso, nosso não às formas que configuram "a ordem do discurso pedagógico" é também um não a todas essas caras acartonadas, a todas essas vozes impostadas. Porque não queremos fazer caras como essas, não queremos que saiam de nós essas vozes. Então, com que cara vamos seguir adiante? Qual é a cara viva, estremecida, com a qual possamos afirmar a vida? Com que cara encarar o que nos acontece? Qual é a voz viva, trêmula, balbuciante que corresponde a essa cara, qual é a língua que lhe convêm?

Ferlosiana

Falava Ferlosio do indigno comércio psicológico entre padres e professores sobre a alma dos meninos. E dizia que

---

[3] Ver, por exemplo, GOMBOWICZ, W. *Ferdydurke*. Barcelona: Edhasa, 1984.

Ferido de realidade e em busca de realidade

ficava arrepiado só de imaginar uma mãe dizendo a uma professora: "é que meu Luisito é muito introvertido".[4] E isso porque o bom Rafael não havia assistido nunca ao opressivo espetáculo de uma professora dissertando, numa reunião de pais, sobre "a criança nesta idade". Pois bem, outro dia, em uma reportagem sobre as reformas universitárias, aparecia um grupo de estudantes de psicologia de uma célebre universidade catalã interpretando desenhos de crianças. Desses em que as crianças têm de desenhar sua família. E no limbo[5] nos perguntamos por que tanto empenho em que essas pobres crianças indefesas desenhem sua família. Que tipo de curiosidade mórbida inspirará uma petição semelhante. Mas ali estão eles, aprendendo a arrogância e a estupidez própria de seu grêmio, olhando atentamente os desenhos que seu professor projetava para eles, impostando a voz, compondo a cara, dando-se importância, dogmatizando descaradamente e sem nenhum pudor sobre qual era o significado das cores, dos tamanhos, das roupas, das cabeças e das extremidades das crianças, de seus pais e de seus irmãos. E vai saber que tipo de diagnósticos eles fazem e como os usam para aborrecer impunemente, por seu próprio bem, as crianças e muitas vezes também os pais. Além do mais, são tão covardes que só se atrevem a fazer essas patifarias com as crianças e com outros seres precários, dependentes, vulneráveis e, certamente, desafortunados. Sobre os quais se pode discursar com toda tranquilidade e com total impunidade. E aos que, sem dúvida, não se atreveriam a lhes dizer essas coisas na cara. Sua cara deveria cair de vergonha, se tivessem vergonha. Deveriam aparecer bolhas na sua língua, se tivessem língua.

---

[4] FERLOSIO, R. S. Pedagogos pasan, al infierno vamos. In: *La hija de la guerra y la madre de la pátria*. Bercelona: Destino, 2002, p. 115.

[5] Esta Ferlosiana foi escrita para um programa de rádio que se chamava "Palavras desde o limbo", concretamente para uma seção intitulada "Esta nossa civilização é de assustar, cara".

E o fato é que antes as crianças eram molestadas pelos padres, que tinham muito poder e que se acreditavam possuidores da verdade. Mas agora são molestados pelos psicólogos, que também têm muito poder e também se creem na posse da verdade, porém são muito mais traiçoeiros. E esta nossa civilização é de assustar, cara.

O corpo docente segundo Gombrowicz

Quando o diretor da escola escolhe um corpo para fazer parte do corpo docente toma muito cuidado para que não seja um corpo simpático, normal e humano, mas sim um corpo pedagógico, quer dizer, profunda e perfeitamente enfadonho, estéril, obediente e abstrato. Embora, sem dúvida, o corpo docente dessa escola esteja coroado pelas melhores cabeças da capital: nenhuma delas tem um só pensamento próprio. E se o tivesse, tanto o pensamento quanto o pensador seriam imediatamente validados. Esses mestres são perfeitos alunos e por isso são altamente eficazes em seu ofício de "alunizar" a qualquer um que lhes apareça pela frente.[6]

Animais

O enorme rinoceronte se detém. Levanta a cabeça. Recua um pouco. Vira para um lado e investe como um aríete, com um só chifre de touro blindado, enraivecido e cego, em arranque total de investigador positivista. Nunca acerta o alvo, mas sempre fica muito satisfeito com sua razão, com sua metodologia, com seus resultados e com sua força.[7]

---

[6] Elaborado para o limbo a partir do capítulo segundo do *Ferdydurke*, de GOMBROWICZ (1984).

[7] Também para o limbo, trata-se de uma variação a partir de uma das peças do *Bestiário*, de Juan José ARREOLA. México: Joaquim Moriz, 1972.

Palavras vazias

É um tempo em que no espaço, no 'éter', só se ouve o zumbido, o silvo, o troar dos diálogos. Em todos os canais se ouve continuamente o estampido da palavra "diálogo". Segundo as últimas pesquisas da pesquisa dialogal, uma disciplina que acaba de receber certidão de naturalização e que se vangloria de haver adquirido com muita rapidez uma multidão de seguidores, a palavra "diálogo", e não só nos meios de comunicação, nos sínodos interconfessionais e nas sínteses filosóficas, nesses momentos é mais frequente que "sou", "hoje", "vida" (ou "morte), "montanha" (ou "vale"), "pão" (ou "vinho"). Inclusive nos passeios dos presidiários pelo pátio da cadeia, com frequência "diálogo" é mencionado mais vezes do que, por exemplo, "merda", "foder" ou "a buceta de sua mãe". E, do mesmo modo, nos passeios vigiados dos internos em um manicômio, ou dos idiotas, está comprovado que "diálogo" é uma palavra pelo menos dez vezes mais frequente do que, por exemplo, "homem da lua", "maçã" (ou "pera"), "Deus" (ou "Satanás"), "medo" (ou "comprimidos"). Em um contínuo diálogo estão inclusos os três ou quatro camponeses que ainda restam, separados sempre por um dia de viagem, ou pelo menos são apresentados dialogando sem parar. E dialogando também são apresentadas as crianças, até na última imagem dos livros ilustrados que foram avaliados pelas autoridades competentes para fazer parte da biblioteca da escola.[8]

Porém, no limbo, o zumbido estrondoso e mentiroso do diálogo ainda não conseguiu acabar com o murmúrio vivo e verdadeiro da conversação.

---

[8] HANDKE, P. *La perdida de la imagen, o por la sierra de Gredos*. Madrid: Alianza, 2003, p. 108-109.

Mais animais

Fiéis ao espírito de toda aristocracia em decadência, as aves de rapina enjauladas ou encurraladas observam, a todo o momento, o protocolo. No registro dos poleiros noturnos, como em qualquer organismo oficial ou extraoficial, cada qual ocupa seu posto por rigorosa hierarquia. No alto, as águias tortas e de asas quebradas. Um pouco abaixo, os falcões de bicos sem corte e garras embotadas. Em seguida, os gaviões tristes e desplumados. E abaixo de tudo os abutres imundos rodeados de moscas. O mesmo que em qualquer grêmio ou corporação, seja de índole local, nacional, estatal ou internacional. Incluídas, naturalmente, as que têm a ver com isso que agora se chama "conhecimento".[9]

Cantilenas

Nunca mais voltei a me encontrar com os homens menos possuídos por aquilo que levavam entre as mãos do que aqueles catedráticos e professores da Universidade; qualquer empregado de banco, sim, qualquer um contando as cédulas, umas cédulas que, além do mais, não eram suas, qualquer operário que estivesse asfaltando uma rua, em um espaço quente que havia entre o sol, acima, e o fervor do alcatrão, abaixo, davam a impressão de estar mais no que faziam. Pareciam dignitários cheios de serragem a quem nem a admiração [...], nem o entusiasmo, nem o afeto, nem atitude interrogativa alguma, nem a veneração, nem a ira, nem a indignação, nem a consciência de estar ignorando algo jamais lhes fazia tremer a voz, porque, melhor dizendo, se limitavam a ir soltando uma cantilena, a ir cumprindo com distintos expedientes, a ir medindo frases no tom de alguém que está antecipando um exame [...] enquanto

---

[9] Ver nota 7.

Ferido de realidade e em busca de realidade

lá fora, diante das janelas, se viam tons verdes e azuis, e depois escurecia: até que o cansaço do ouvinte, de um modo repentino, se convertia em relutância, e a relutância em hostilidade.[10]

Zambraniana

Em um texto menor, mas muito formoso, que se chama *A mediação do mestre*, María Zambrano se refere ao instante que antecede o gesto de começar a falar em uma sala de aula. O mestre, diz Zambrano, ocupa seu lugar, pega talvez alguns livros da bolsa e os coloca diante de si e, justamente aí, antes de pronunciar qualquer palavra, o mestre percebe o silêncio e a quietude da classe, o que esse silêncio e essa quietude têm de interrogação e de espera, e também de exigência. Nesse momento, o mestre cala um instante e oferece sua presença ainda antes de sua palavra. E aí María Zambrano diz o seguinte: "Poder-se-ia medir, talvez, a autenticidade de um mestre por esse instante de silêncio que precede a sua palavra, por esse ter-se presente, por essa apresentação de sua pessoa antes de começar a dá-la de modo ativo. E ainda pelo imperceptível tremor que o sacode. Sem eles, o mestre não chega a sê-lo por maior que seja a sua ciência".[11] Antes de começar a falar, o mestre tremia. E esse tremor se deriva de sua presença. De sua presença silenciosa, nesse momento, e da iminência de sua presença no que vai dizer. Isso é, certamente, a voz, a presença no que se diz, a presença de um sujeito que treme no que diz. E por isso as aulas são, ou foram às vezes, ou poderiam ter sido, lugares da voz, porque nelas os alunos e os professores tinham que estar presentes. Tanto em suas palavras como em seus silêncios. Talvez sobretudo em seus silêncios.

---

[10] HANDKE, P. *Ensaio sobre el cansancio*. Madrid: Alianza, 2009, p. 13-14.

[11] ZAMBRANO, María. La mediación del maestro. In: LARROSA, J.; FENOY, S. (Eds.), María ZAMBRANO: *L'art de les mediacions (Textos pedagògics)*. Barcelona: Publicacions de la Universitat de Barcelona, 2002, p. 112.

É isso

Entende-se agora que situar o educativo no lugar da experiência supõe um não e uma pergunta que é, ao mesmo tempo, uma abertura? Entende-se "o que não somos e o que não queremos"? E entende-se "com que cara continuar vivo"? Soa-lhes familiar isso de falar impunemente do que se ignora? Vocês já sabem que as posições discursivas do saber e do poder garantem a impunidade e também a imunidade. Carlos Skliar escrevia sobre isso dessa forma: "De certo modo somos impunes ao falar do outro e imunes quando o outro nos fala".[12] Lembra-lhes algo isso de falar sem uma só palavra ou um só pensamento próprio? O que seria dos professores, dos *experts* e dos pesquisadores se lhes pedissem que dissessem o que aprenderam, o que viveram, o que pensaram, e não o que lhes foi ensinado? Vocês sabem quem são esses que nunca acertam o alvo (como se houvesse um alvo), mas que, sem dúvida, estão tão satisfeitos com sua força? E as aves de rapina que guardam rigorosamente a hierarquia, vocês sabem onde elas habitam? e que linguagem falam (ou grasnam)? Já não estão fartos de palavras vazias, de palavras fetiche, de palavras palavreadas repetidamente, usadas como moedas falsas, até esvaziar seu sentido? Juan Gelman escrevia assim sobre isso: [...] "não queremos outros mundos que o da liberdade e esta palavra não a palavreamos porque sabemos, depois de muita morte, que se fala enamorado e não do amor, se fala claro, não da claridade, se fala livre, não da liberdade."[13] Vocês escutaram alguma vez esses que falam como que antecipando um exame? esses aos quais a voz nunca muda e que nunca ficam de cara no chão? Vocês estiveram alguma vez numa

---

[12] SKLIAR, C. Fragmentos de experiencia y alteridade. In: LARROSA, J.; SKLIAR, C. (Eds.). *Experiencia y alteridad en educación*. Rosario, Argentina: Homo Sapiens, 2009, p. 147.

[13] GELMAN, J. Bajo la lluvia ajena (notas al pie de uma derrota). In: GELMAN, J.; BAYER, O. *Exílios*. Buenos Aires: Legasa, 1984, p. 15.

Ferido de realidade e em busca de realidade

classe ou numa conferência na qual nem o que fala, nem os que escutam estão presentes? É isso.

César Vallejo dizia assim: "Quero escrever, mas me sai espuma, / quero dizer muitíssimo e me atolo. / [...] Quero escrever, mas me sinto puma; / quero me laurear, mas me acebolo".[14] E nisso estamos entre o laurel e a cebola, entre o puma e a espuma, entre o quero e o porém, nesse entre, nesse atoleiro.

Falar contra as palavras

Um dos textos fundadores do que poderíamos chamar de a crítica da linguagem é a *Carta de Lord Chandos*, de Hugo Von Hofmmansthal, publicada em 1902. A carta está datada de 22 de agosto de 1603, e nela Lord Chandos descreve a seu amigo Francis Bacon os sintomas de uma estranha enfermidade: "as palavras abstratas, das quais a língua por lei natural deve fazer uso para trazer à luz do dia juízos de qualquer espécie, se decompunham na boca como fungos apodrecidos".[15] Porém, o rastro dessa enfermidade atravessa o século XX e alcança dimensões de pandemia nessa sociedade que chama a si mesma do conhecimento, da informação e da comunicação. O que ocorre é que são poucos os que perceberam. E é a esses poucos a quem temos de escutar.

Na mesma cidade e na mesma época em que viveu Hofmannsthal, Karl Kraus também se havia dado conta de que a linguagem estava enferma, e de que sua podridão não

---

[14] VALLEJO, C. Poemas póstumos. In: *Obra poética*. Madrid: Archivos, 1988, p. 400.

[15] VON HOFMANNSTHAL, H. *Una carta (De Lord Philip Chandosa Sir Francis Bacon)*. Valencia: Pre-Textos, 2008, p. 126. A edição que cito, muito formosa, contém seis respostas à carta (de José Luís PARDO, Stefan HERTMANS, Clément ROSSET, Esperanza LÓPEZ PARADA, Higp MÚGICA e Abraham GRAGERA), além de um prólogo de Claudio MAGRIS, um ensaio de Juan NAVARRO BALDEWEG e uma introdução de José MUÑOZ MILLANES.

era diferente da podridão geral. A corrupção linguística, pensava Kraus, está relacionada com a corrupção dos pensamentos e das consciências e, certamente, com a corrupção da sociedade e da cultura. E foi ele, que se considerava um continuador, um epígono, o herdeiro de uma fortuna destruída e dissipada, o habitante crepuscular da velha e arruinada casa da linguagem, o que "descobriu os vínculos entre um falso imperfeito de subjuntivo e uma mentalidade ignóbil, entre uma falsa sintaxe e a estrutura deficiente de uma sociedade, entre a grande frase oca e o assassinato organizado".[16] Em 1929, um jovem poeta comunista, Francis Ponge, percebeu, quando expôs suas razões para escrever: "Nosso primeiro estímulo foi, sem dúvida, o asco pelo que somos obrigados a pensar e a dizer, por aquilo no qual nossa natureza de homens nos obriga a tomar parte [...]. Uma única saída: falar contra as palavras". Em 1958, em relação com a aniquilação da linguagem produzida pelo nazismo, outro poeta, Paul Celan, um dos maiores, disse: "Restava a língua, sim, salvaguardada apesar de tudo. Pois teve então que atravessar sua própria falta de respostas, atravessar um terrível mutismo, atravessar as mil trevas profundas de um discurso homicida".[17] Em 1982, e depois de toda uma vida dedicada a combater a linguagem automática e automatizada do que nos faz dizer e do que nos faz pensar, Peter Handke escreveu assim: "De cada frase que passe por sua mente, pergunta-te: é esta realmente a minha linguagem".[18] Ao longo de sua obra, e falando do nacional-catolicismo espanhol, disse, de

---

[16] A citação, de Erich HELLER, é tirada de um texto do poeta venezuelano Rafael CADENAS, intitulado "Karl Kraus" e incluído em sua *Obra entera*. México: Fondo de Cultura Económica, 2000, p. 594.

[17] Tanto a citação de PONGE como a de CELAN foram tiradas do magnífico texto de Miguel CASADO, "Hablar contra las palabras. Notas sobre poesia y política". In: *Deseo de realidad*. Oviedo: Ediciones de la Universidad de Oviedo, 2006.

[18] HANDKE, P. *Historia del lápiz*. Barcelona: Península, 1991, p. 50.

muitas maneiras e em muitos lugares, Juan Goytisolo: "A negação de um sistema intelectualmente opressor começa necessariamente pela negação de sua estrutura semântica", ou "Todo espanhol se viu obrigado a pensar ou pelo menos a falar e escrever conforme certas fórmulas e princípios estabelecidos [...]. A linguagem deverá ser recunhada e polida antes que possa circular como moeda genuína", ou "Cada palavra de teu idioma te estende uma armadilha: adiante aprenderás a pensar contra tua própria língua".[19] Também Antonio Gamoneda havia notado a corrupção linguística do franquismo e disse em 1977: "Quem fala ainda ao coração abrasado quando a covardia pôs nome a todas as coisas?".[20] Em 1988, e em um romance que, como a maioria dos seus, descreve a aniquilação linguística e cultural produzida pelo totalitarismo comunista, o escritor albanês Ismail Kadaré estabeleceu assim as fases da destruição: "A primeira, a eliminação material da rebelião; a segunda, a eliminação da ideia de rebelião; a terceira, a erradicação da cultura, da arte e dos costumes; a quarta, a extinção ou mutilação da língua, e a quinta, a extinção ou debilitação da memória".[21] Em relação a essa redução da linguagem a instrumento de comunicação, junto com seus ideais de eficácia e de transparência, o filósofo José Luís Pardo disse em 1996 que

> [...] há uma tentativa em marcha para livrar a linguagem de sua incômoda densidade, uma tentativa de apagar das palavras todo sabor e toda ressonância, a tentativa de impor pela violência uma linguagem lisa, sem manchas, sem sombras, sem rugas, sem corpo, a língua dos deslinguados, uma língua sem outro na

---

[19] As citações são do livro de CARRIÓN, J. *Viaje contra espacio. Juan Goytisolo y W. G. Sebald*. Madrid: Iberoamericana, 2009.

[20] GAMONEDA, A. Lápidas. In: *Esta luz. Poesia Reunida*. Barcelona: Galaxia Gutemberg, 2004, p. 293.

[21] KADARÉ, I. *El nicho de la verguenza*. Madrid: Alianza, 2001, p. 145.

qual ninguém escute a si mesmo quando fala, uma língua despovoada.[22]

Outro filósofo, Miguel Morey, disse em 2001 numa carta que dedicou a sua filha e a todos os que, como ela, completaram 18 anos nesse ano:

> [...] ninguém pode se pôr a salvo do modo como a linguagem nos desenha os contornos de tudo aquilo do qual podemos ter experiência. Vivemos segundo a linguagem que temos a nossa disposição [...]. Por isso é tão terrível que as palavras morram, que as matem, que pertençam cada vez mais a um inimigo cego, surdo e mudo diante do peso do mundo, como se fossem um território ocupado. Porque quando as palavras morrem, irremediavelmente, os homens adoecem.[23]

E poderíamos multiplicar os dados, os testemunhos, os matizes.

Mas sempre o mesmo motivo: a linguagem recebida é impronunciável, e o mundo que nos apresenta é inabitável, e uma coisa não vai sem a outra, e só uma consciência desprezível e submissa pode falar essa linguagem e habitar esse mundo sem problemas. Uma linguagem podre é o sintoma de um mundo podre e de umas formas de vida podres. Porém, a nós essa linguagem nos provoca asco e a sentimos como uma armadilha, e sabemos que é o que impõem os poderosos, os opressores e os covardes, a linguagem do inimigo. E por isso não podemos senti-la como nossa, porque foi arrasada, aplainada, alisada, mutilada, simplificada, desumanizada, porque foi convertida em uma linguagem de deslinguados, em uma linguagem de ninguém e sem ninguém e para ninguém.

---

[22]PARDO, J. L. Carne de palabras. In: FERNÁNDEZ QUESADA, N. (Ed.); VALENTE, J. A. *Anatomía de la palabra*. Valencia: Pre-Textos, 2000, p. 190.

[23]MOREY, M. Carta a uma princesa. In: *Pequeñas doctrinas de la sociedad*. México: Sexto Piso, 2007, p. 433-434.

E por isso sentimos que ficamos sem palavras, e nos sentimos mudos. E para imaginar a possibilidade de falar, temos que reinventá-la, ressemantizá-la, dar-lhe um novo rigor, um novo sentido, para que possa continuar dizendo, dizendo-nos.

Entre o já não e o ainda não

A carta de Lord Chandos termina assim:[24]

> [...] porque a língua em que talvez me fosse dado não só escrever, mas também pensar, não é o latim, nem o inglês, nem o italiano, ou o espanhol, e sim uma língua de cujas palavras nem sequer uma só me é conhecida; uma língua na qual as coisas mudas me falam e na qual, talvez um dia na tumba, terei que prestar contas a um juiz desconhecido.[24]

A língua recebida já não nos serve, nos provoca nojo, e aquela na qual talvez pudéssemos dizer alguma coisa, não a temos ainda. Porém aí estamos, nesse intervalo, e continuamos insistindo.

Uma estranha enfermidade

A enfermidade de Lord Chandos é, na realidade, uma enfermidade da linguagem. As palavras apodrecem. Quando nos vêm à boca, antes de dizê-las, as tocamos com a ponta da língua e elas se decompõem como fungos apodrecidos, e já não podemos pronunciá-las sem asco. E aí começa a estranheza, nessa sensação de repugnância por uma linguagem que é a nossa, a que existe, a única que temos. Porque, para sentir que a linguagem está podre, ou que a apodreceram, é preciso ter língua. Por isso Lord Chandos se sente doente:

---

[24]VON HOFMANNSTHAL, H. *Una carta (De Lord Philip Chandos a Sir Francis Bacon)*. Valencia: Pre-Textos, 2008, p. 135.

porque ainda tem língua, porque ainda é capaz de sentir, em sua língua, o sabor apodrecido da língua, porque ainda tem uma língua com a qual saboreia as palavras e as frases antes de dizê-las, porque ainda tem uma língua com a qual sentir asco. Como diz José Luís Pardo:

> Para ter acesso à linguagem, temos que falar uma língua, e falá-la a partir de dentro, com nossa própria voz e com nossa própria língua. E ela faz com que as palavras nos deixem um resíduo na ponta da língua, um sabor de boca (doce ou amargo, bom ou mau), o que elas nos fazem saber (nos dão a saborear).[25]

Por isso, embora a linguagem tenha apodrecido, a maioria das pessoas não se dá conta, não sente náuseas e não se sente doente: porque perderam a língua, porque não têm, ou nunca tiveram uma voz própria, uma língua própria, porque só assim, sem língua, podem falar sem nojo uma língua apodrecida.

Repassemos os sintomas e o progresso dessa enfermidade. Para Lord Chandos, primeiro se tornam impossíveis as grandes palavras, essas que são tão abstratas, tão gerais, tão solenes, tão mentirosas, tão grandiloquentes e tão vazias. Talvez perceba que já não querem dizer nada, de tão vaidosas e de tão soberbas. Em segundo lugar, se tornam impossíveis para ele os juízos sobre temas gerais, sobre os assuntos da corte e do parlamento, sobre tudo aquilo que, segundo essa artificiosa construção chamada "atualidade", deveria ser importante. Talvez perceba o que esses julgamentos e essas opiniões têm de precipitados, de artificiais, de convencionais. Talvez sinta aí a língua sem língua dos jornalistas, dos *experts*, dos políticos e dos funcionários, dos que fabricam o presente, dos "atuais", dos donos da "atualidade". Em terceiro lugar, se tornam impossíveis para ele também os juízos banais, esses que se acontecem automaticamente e sem pensar nas conversações

---

[25]PARDO, J. L. *La intimidad*. Valencia: Pre-Textos, 1996, p. 52-53.

de todos os dias. Tudo isso lhe produz mal-estar, nojo, cólera, ansiedade, angústia. Porque lhe parece falso, oco e sobretudo simplificador. O real é infinito e, sobretudo dinâmico, caótico e fragmentado, e sempre inunda qualquer pretensão da linguagem em abarcá-lo, unificá-lo, fixá-lo, simplificá-lo, compreendê-lo e ordená-lo.

A enfermidade de Lord Chandos consiste em ele sentir que a linguagem apenas é capaz de captar o real. Mas o que ocorre é que essa linguagem, em sua arrogância e sua autossuficiência, não sabe disso. E por isso se separou irremediavelmente do real, já não serve para nomear o que somos nem o que nos acontece, já não nos permite distinguir, ordenar, classificar e determinar o que há, já não é capaz de dar conta de nossas relações com os demais, com nós mesmos e com o mundo em que vivemos, já não é capaz, definitivamente, de dizer a verdade. Então, a linguagem fabrica um mundo a sua medida, um mundo que já não é um mundo, e sim uma armação, ou uma jaula, ou um armário, ou um esquema ao qual tudo o que existe se submete ou deveria se submeter. Por essa razão, quando isso ocorre, quando Lord Chandos toca com a ponta de sua língua essa falsidade da linguagem habitual, da linguagem costumeira, as palavras se libertam, ganham vida própria e se tornam perigosas: "As palavras, uma a uma, flutuavam livres ao meu redor: se coagulavam em olhos que me fitavam fixamente e aos quais eu devo devolver o mesmo olhar fixo: são redemoinhos que me dão vertigem ao contemplá-los, que giram sem cessar e através dos quais se alcança o vazio".[26]

Descrevendo a seu amigo Francis Bacon os sintomas de sua enfermidade, Lord Chandon conta um episódio especialmente significativo. A ponto de repreender uma mentira de sua filha de quatro anos, a ponto de dizer a ela que é preciso falar sempre a verdade, Lord Chandos não pode evitar parar para pensar no que vai dizer. Então, todo um fluxo de

---

[26]VON HOFMANNSTHAL, 2008, p. 128.

ideias lhe passa instantaneamente pela cabeça, e, do mesmo modo que lhe acontece com as palavras, que se automatizam e se tornam quase físicas, as ideias se fundem umas com as outras de maneira que se torna impossível para ele terminar a frase. Como se um gesto aparentemente tão simples, o de dizer a uma menina que é preciso ser sempre verdadeira, se tornasse de repente tão complexo, tão infinito, tão cheio de matizes, que a proposição se torna impronunciável. E isso simplesmente porque se pensa. Quem poderia dizer, se pensa por um momento, que é preciso ser sempre verdadeiro? O que quer dizer "verdadeiro"? E sobretudo o que quer dizer "sempre"? É possível a verdade? É possível um mundo, uma convivência na qual sempre se diga a verdade? As ideias começam a fluir, a se associar, a proliferar, a se contradizer. E não nos resta outro remédio, como acontecia com Lord Chandos, do que sair a cavalo para acalmar a angústia, para tratar de voltar a esse mundo singelo e habitual no qual frases como essas podem ser ditas automaticamente, sem pensar. O problema de Lord Chandos não é dizer o que pensa (esse é o problema banal da liberdade de expressão, da "opinioni-tis" generalizada, da conversação e do tumulto universais, o problema, definitivamente, dos deslinguados), e sim algo muito mais complicado: pensar o que diz. Ou, em outras palavras, sentir que pode estar presente no que diz.

Talvez por isso, o que ocorre a Lord Chandos não é que não entenda as palavras ou as ideias (seu problema não é, de modo algum, o da compreensão), e sim que não pode situá-las em relação a si mesmo:

> Compreendia bem os conceitos: via alçar-se dian-te de mim suas combinações maravilhosas como majestosos mananciais que jogam com bolas de ouro. Podia lhes dar a volta e ver como jogavam entre si; mas estavam relacionadas apenas umas às outras, e o mais profundo, o pessoal de meu pensamento, ficava

excluído de seu círculo. Sobreveio-me entre elas um sentimento de espantosa solidão.[27]

Lord Chandos compreende a linguagem, compreende o pensamento, é capaz, inclusive, de admirá-lo, mas o sente alheio, como um jogo elegante, vazio e autocontido, como se não tivessem relação com ele, com o que há nele de mais profundo e de mais pessoal. E então se sente só. Separa-se desse mundo normalizado do social, do coletivo, do habitual e do acostumado no qual se pode falar e pensar automaticamente, ou seja, no qual se pode falar sem língua e pensar sem pensamento.

O normal e o patológico

A enfermidade de Lord Chandos se deriva daí: de que ainda tem língua com a qual tocar e saborear as palavras antes de dizê-las (e por isso elas se decompõem em sua boca como fungos apodrecidos), de que ainda pensa no que diz e trata de estar presente nisso (e por isso, as ideias se interrompem, se quebram e se desordenam nele, antes que consiga terminar de formulá-las) e de que já abandonou, irremediavelmente, qualquer forma de comunidade (e por isso ficou excluído do círculo). Os aparentemente sãos, portanto, os normais e normalizados, serão deslinguados, os que não param para pensar, os que falam e pensam automaticamente, gregaria-mente, os homens e as mulheres do rebanho, os que não podem viver senão no asilo das corporações, dos agrupa-mentos, das instituições, dos coletivos.

Textos transpassados por outros textos

Há uma curiosa versão contemporânea da enfermidade de Lord Chandos.[28] Seu protagonista é Simon, um psicólogo

---

[27]VON HOFMANNSTHAL, 2008, p. 128.

[28]EMMANUEL, F. *La cuestión humana*. Madrid: Losada, 2002. Levado ao cinema em 2007, com o mesmo título, por Nicholas Klotz, com roteiro de Elisabeth Perceval.

do departamento de recursos humanos na sede francesa de uma multinacional alemã. Suas tarefas são a motivação dos empregados e a seleção de pessoal ou, em outras palavras, o ajuste ótimo entre os trabalhadores e a produção. Um dos altos executivos da empresa o encarrega de uma pesquisa de caráter profissional sobre a "saúde mental" do diretor-geral, um tal de Mathias Jüst. A partir daí Simon irá averiguando coisas sobre a relação que os alto executivos tiveram com o nazismo (todos eles viram ou ouviram contar algo que, de alguma maneira, implicava seus pais com o maquinário da morte) e sobretudo será testemunha e vítima de uma enfermidade da linguagem que solapa a segurança, as certezas e a estabilidade intelectual e emocional de todos os que são contagiados por ela.

As manifestações da enfermidade consistem em uma sensibilidade aguçada em relação ao modo como a linguagem técnica da empresa está contaminada pela linguagem técnica do nazismo ou, mais precisamente, com o modo como a própria definição dos "problemas" e das "soluções" que têm a ver com a otimização da produtividade da empresa (a forma de conjugar o fator humano com as necessidades econômicas) exige o uso de um vocabulário e de uma gramática tomados do tratamento nazi do "problema judeu" e da "solução final".

Existe, primeiro, um informe técnico sobre as cifras de produção, dados de pessoal e projetos de futuro em que faltam algumas palavras. Como se seu redator, Matias Jüst, houvesse lutado contra a emergência de uma série de termos técnicos dos quais só ele percebia a origem, e isso tivesse dado como resultado um texto perfurado, transpassado, cheio de espaços em branco deixados pela ausência das palavras impronunciadas ou impronunciáveis.

Além do mais, há cinco cartas anônimas encontradas na caixa forte do senhor Jüst. A primeira delas é um fac-símile de uma nota técnica sobre o funcionamento e as possíveis modificações dos caminhões especiais desenhados para matar os judeus durante o transporte, utilizando dióxido de

Ferido de realidade e em busca de realidade

carbono produzido pelo motor do caminhão. Na segunda delas o documento anterior está sobreimpresso em uma série de fragmentos cortados e desordenados de notas técnicas da empresa. Na terceira carta, os dois textos anteriores têm o mesmo valor tipográfico e estão estranhamente mesclados produzindo um texto absurdo mas gramaticalmente correto. Quando Simon isola as passagens intrusas, percebe que não pertencem à linguagem tecnológica da engenharia, e sim àquela que se emprega nos serviços de pessoal e de organismos diretivos da empresa. Na quarta, alguns fragmentos do texto inicial estão colocados em uma partitura musical, concretamente a do segundo movimento de um quarteto de cordas de César Frank. A quinta e última carta contém um texto apagado, exceto algumas palavras como instruções, segurança, funcionamento, limpeza, observação, avaliação, etc. e a seguinte anotação introduzida à mão: "Não ouvir. Não ver. Lavar infinitamente a sujeira humana. Pronunciar palavras limpas. Que não manchem. Expulsão. Reestruturação. Reinstalação. Reconversão. Deslocalização. Seleção. Evacuação. Despedida técnica. Solução definitiva. A máquina de morte está em marcha".[29]

Por último, há duas cartas enviadas a Simon. A primeira está construída com frases extraídas de um manual de psicologia laboral, mas cujos termos técnicos, em sua nova organização, revelam outra procedência muito mais maligna. Na segunda, esse primeiro texto aparece como invadido e devorado por fragmentos tomados de um programa nazista de erradicação de doentes mentais.

Ao longo do relato, a enfermidade do senhor Jüst, essa enfermidade produzida pela sensibilidade à contaminação nazista da linguagem (ao modo como essa língua apodrecida pela violência e pelo assassinato atravessa as formas de racionalidade da biopolítica contemporânea, a linguagem

[29]EMMANUEL, 2002, p. 68.

da gestão racional dos indivíduos e das populações no capitalismo pós-industrial) da qual pouco a pouco Simon vai se contagiando. E isso até fazê-lo duvidar das palavras que antes lhe eram familiares e que usava sem problemas, de sua escolha profissional e, em geral, no sentido de seu trabalho. Simon se percebe incapaz de terminar um dossiê rotineiro de seleção, já não suporta os seminários com os empregados, perde a capacidade de intervir com naturalidade nas discussões. E isso, como em Lord Chandos, acompanhado de uma turbação, um mal-estar e uma angústia físicas, corporais.

Como diz Arie Neuman no monólogo final do filme, a linguagem é o método mais eficaz de propaganda porque se introduz em nossa carne e em nosso sangue. E assim funciona a linguagem dos especialistas, decompondo o real em temas, convertendo-o em uma série de problemas técnicos, de fórmulas fragmentadas e neutras, de maneira que se possam obter soluções eficientes. E assim vai se formando uma linguagem feita de "palavras vazias de significado, uma linguagem neutra, neutral, invadida por palavras técnicas que gradualmente absorvem sua humanidade". E isso é precisamente o que, em sua progressiva inquietação, vai aprendendo Simon. Pouco a pouco, sua língua se torna capaz de sentir o cheiro da violência e do assassinato que tem a linguagem que, antes, manejava com total naturalidade. Pouco a pouco se vê obrigado a pensar no que diz, em cada palavra, em cada frase, e isso faz com que perca a fluidez, que não seja capaz de terminar seus relatórios, seus argumentos, suas teses, que já não sinta suas ideias tão seguras e asseguradas como as sentia antes. Além disso, na medida em que a enfermidade avança, Simon vai se sentindo cada vez mais só.

Mas não só a linguagem está contaminada. O horror nazista contamina também as artes. A mesma música está manchada, e a sala de concertos não pode manter fechada a porta atrás da qual a máquina da morte funciona a pleno vapor.

Por isso Jüst, que havia sido um violinista aficionado e obsessivo, não só não suporta a linguagem da racionalidade empresarial, como também se tornou incapaz de suportar a música.

Uma vez que a enfermidade ataca a linguagem, e esta perde sua antiga segurança, já não se pode continuar falando com o automatismo do hábito e do costume, uma vez que as palavras limpas e neutras deixam de sê-lo e se decompõem em sua boca como fungos apodrecidos, nada pode nos manter a salvo. E a sociedade se apodera delas.

O pai de Mathias Jüst infligia a seu filho uma só palavra, *Arbeit*, que significa trabalho, mas também função, atividade, dever. Porém, quando as palavras ligadas à função deixam de protegê-la, aparece outra palavra, *Schmutz*, que significa sujeira, mancha, imundície, mas também merda, como a merda a cuja rápida, cômoda e eficaz limpeza se refere a epígrafe 4 do relatório sobre os caminhões. Jüst não pode se manter distante da merda, desse resto humano do assassinato. Do mesmo modo que Simon tampouco pode se manter a salvo desses sonhos nos quais alguém abre a porta da sala de concertos e aí, fora dela, aparece o montão de cadáveres emaranhados, mesclados com essas palavras neutralizadas e esvaziadas de humanidade que os tornaram possíveis. E, ao final, tanto Jüst como Simon ficam isolados, separados do círculo, em uma espantosa solidão. Jüst internado em um sanatório psiquiátrico, e Simon, como ele mesmo diz, *"nas margens do mundo"*, trabalhando em um estabelecimento para meninos autistas.

Problemas e soluções

As artes modernas do Governo e da Administração fabricam o real a partir do par problema/solução. Constroem o social como o lugar dos problemas e o político como o lugar das soluções. E assim distribuem os papéis entre a sociedade e a política. Qualquer coisa que acontece na sociedade deve ser convertida em problema que os políticos têm que resolver, com a ajuda, naturalmente, dos *experts* e dos funcionários. A obrigação mais calorosa dos políticos, dos *experts* e dos funcionários é, sem dúvida, resolver os problemas que a sociedade lhes delineia. Basta abrir os jornais para encontrar essa linguagem: o problema das jubilações, o problema do desemprego, o problema da insegurança, o problema da emigração, o problema da infância em perigo social, e a lista é infinita. O exemplo paradigmático de uma gestão racional do social é, certamente, o que aconteceu entre a delimitação do "problema judeu" e o desenho e a aplicação da "solução final". O pior é que é impossível sustentar esse esquema falaz e perverso. Não passamos a vida assinalando problemas e pedindo soluções. Não nos damos conta de que, muitas vezes, nós mesmos somos o problema. E aí estamos: completamente capturados. E esta nossa civilização é desprezível, cara. E esta nossa civilização é uma merda, cara.[30]

Dicionário do limbo[31]

Academia. Originalmente, um bosquezinho no qual os filósofos tratavam de entender a vida. Hoje em dia, uma escola onde alguns imbecis passam a vida tratando de entender os filósofos. A classe mais degradada desses imbecis já não lê os filósofos e sequer trata de entender nada. São os novos amos, trabalham para o governo e chamam a si mesmos de *experts* e investigadores.

Cínico. Sem-vergonha cuja visão defeituosa o faz ver as coisas como são e não como as pintam. Por isso, antes de se dedicar à investigação ou ao ensino é conveniente arrancar-lhes os olhos.

---

[30]Elaborado no limbo a partir de MILNER, J. C. *Las inclinaciones criminales de la Europa democrática.* Buenos Aires: Manantial, 2007.

[31]Elaborado a partir do *Dicionário do diabo*, de Ambrose Bierce.

Conhecimento. Tipo de ignorância de que as raças civilizadas e altamente escolarizadas gostam. Em nossa época tecnológica e mercantilizada, a esse tipo de ignorância se dá o nome específico de informação.

Erudição. Nas épocas remotas em que ainda se lia, a erudição era um pó fino e pegajoso que se levantava dos livros e que os professores introduziam nos crânios ocos dos estudantes. Agora que não se lê, chamamos a esse pó viscoso de informação. Seus produtores máximos, como vocês sabem, são os *expert*s e os pesquisadores.

Fadiga. Estado de alunos e professores depois de haverem feito todos os deveres. A fadiga se converte em mau humor quando, graças às reformas educativas locais, autônomas, nacionais e internacionais, cresce o volume, a inutilidade e a estupidez dos referidos deveres. Por isso a fadiga se estende, oceânica, desde o jardim da infância até a pós-graduação e mais além.

Fé. Crença em que os políticos, os *expert*s, os policiais, os professores, os jornalistas, os pesquisadores e os funcionários estão aí para melhorar nossas vidas Por isso se diz que a fé é cega.

Filisteu. Indivíduo que segue a moda no pensamento, na linguagem, nas emoções e nos sentimentos. Costuma ser próspero, limpo, exibido, educado e quase sempre solene. Costuma fazer carreira como jornalista, como político, como *expert*, professor ou como funcionário.

A força do real

Porém há algo mais nessa estranha anomalia de Lord Chandos, uma consequência talvez inevitável de seu afastamento radical da linguagem dos deslinguados: uma extrema sensibilidade às manifestações da vida. Qualquer coisa que passaria normalmente ignorada e despercebida, que apenas chamaria a atenção, se apresenta a ele com uma força terrível. Um cachorro ao sol, um ancinho esquecido podem ser origem de uma revelação. Uns ratos que morrem envenenados na adega de sua casa penetram em seu espírito com tal intensidade que sente, não só piedade e compaixão, sentimentos que ainda o manteriam em uma relação de exterioridade com elas, mas sim uma verdadeira participação em sua agonia e em sua morte. Um escaravelho em um regador lhe causa os maiores estremecimentos. Não só os animais mais insignificantes, como também as coisas mais ordinárias "se elevam até mim com uma plenitude tal, com uma presença de amor tal, que meus olhos ditosos são incapazes de detectar nenhum ponto morto ao meu redor [...] e não há nenhuma só entre as matérias que o compõe na qual não seja capaz de me transvasar".[32]

Tudo está vivo para Lord Chandos e, ainda mais, em tudo se sente partícipe, como se pudesse identificar sua própria vida com a vida de tudo o que existe, como se tudo pudesse entrar nele e ele mesmo pudesse entrar em tudo, confundir-se com tudo. Como se, ao abandonar essa linguagem que coisifica e separa, essa linguagem que nos faz sujeitos na medida em que converte em objetos a tudo o que nos rodeia, essa linguagem que só nos permite ser nós mesmos ao preço de nos arrancar do mundo, Lord Chandos tivesse perdido essa distância que protege e assegura, essa distância que nos dá um lugar confortável, um lugar onde o real foi, por fim, dominado e domesticado, mas ao preço da indiferença, de que nada nos toque. E o que ocorre a Lord Chandos é que o real o ataca, e aborda, e alcança, e penetra. E não pode dominá-lo de tão presente, de tão vivo. E nada pode protegê-lo do êxtase, da queda fora de si. As palavras não lhe dizem nada, não penetram em seu interior, se mantêm alheias, mas a terrível presença do real lhe fala com uma linguagem que não é uma linguagem e que lhe penetra e lhe coloca em contato com a vida até dissolvê-lo nela.

---

[32]VON HOFMANNSTHAL, 2008, p. 131-132.

Experiência

Fazer uma experiência com algo – seja uma coisa, um ser humano, um deus – significa que algo nos acontece, nos alcança; que se apodera de nós, que nos derruba e nos transforma. Quando falamos de "fazer" uma experiência, isto não significa exatamente que nós a façamos acontecer, "fazer" significa aqui: sofrer, padecer, agarrar o que nos alcança receptivamente, aceitar, na medida em que nos submetemos a isso.[33]

Cair no rio

J. M. Coetzee termina um de seus romances com outra carta, a que Lady Elizabeth, esposa de Lord Chandos, escreve a Francis Bacon umas semanas depois da de seu marido. Nessa carta, a podridão da linguagem e o êxtase da vida são contados com outra alegoria: num moinho em desuso, as palavras são como as tábuas sob as quais passa a água, as que permitem nos mantermos em outro nível, seguro e garantido, enquanto o rio ruge e se encrespa sob nossos pés. Mas quando as tábuas apodrecem, se destroem e desmoronam, caímos irremediavelmente no abismo onde nos mesclamos com mil outras criaturas em uma corrente indiferenciada, móvel e caótica na qual estamos a ponto de nos afogarmos. Lady Chandos, contagiada pelo infortúnio de seu esposo, se pergunta como fazer para "viver com ratos e cachorros e escaravelhos correndo por minha pele dia e noite, afogando-me e arfando, arranhando-me, tirando de mim, pressionando-me cada vez mais...".[34]

---

[33]HEIDEGGER, M. La esencia del habla. In: *De caminho al habla*. Barcelona: Serbal, 1987, p. 143.

[34]COTZEE, J. M. Carta de Elizabeth, Lady Chandos a Francis Bacon. Epílogo a *Elizabeth Costelo*. Barcelona: Debolsillo, 2005, p. 233.

Talvez seja também isso, que existe uma linguagem que é feita para que não caiamos, para que nos mantenhamos afastados, para que possamos permanecer tranquilamente em um lugar a salvo, no qual os ratos e os cachorros e os escaravelhos, e a morte e a desolação e a falta de sentido não nos toquem, não nos derrubem, não ponham em perigo nossas pequenas certezas, nossas míseras seguranças, nossos esquemas medíocres, esses que nos dão a vida ordenada, classificada, simplificada, desativada, desvitalizada, dissecada e, no fundo, inofensiva.

Por isso a enfermidade de Lord Chandos supõe também que o que poderíamos chamar de "ex-posição", outro nome para a experiência, para o sujeito da experiência. A falência da linguagem implica para ele a falência de qualquer posição na qual poderia se manter a salvo, na qual poderia falar e pensar sem perigo, a partir da qual poderia se opor ou se impor a uma realidade distinta. E ao perder essa posição, ao perder o pé, o real o afeta de uma forma terrível, se converte em uma inevitável doença.

Colado à linguagem

Além disso, na carta, Elizabeth constantemente coloca entre aspas o que acaba de dizer porque supõe que a linguagem com a qual ela, em sua carta, como também seu marido na dele, tentam explicar a Francis Bacon sobre sua anomalia e sobre sua desventura, é uma linguagem inevitavelmente alegórica, uma linguagem que lhes faz dizer sempre uma coisa em lugar de outra: "As palavras se desmoronam sob os pés de uma pessoa como tábuas podres ('como tábuas podres', digo outra vez, não posso evitar, não sei se quero fazê-lo entender minha preocupação e a de meu marido: digo 'fazê-lo entender', mas o que é entender, o que quer dizer?".[35] Porque Lady Chandos sabe muito bem que a experiência, a experiência real e viva, isso que José Luís Pardo chamou de "intimidade", sempre é outra coisa, sempre está em outro lugar, sempre é algo diferente do que dizemos ou do que somos capazes de dizer, é, de alguma maneira, intraduzível à linguagem. Mas isso não significa que não a digamos, que não está, de alguma maneira, na linguagem. O que acontece é que a intimidade (a maneira singular como Elizabeth vive ou sente ou experimenta essa particular estranheza que é ela própria) não está no explícito ou no informativo da linguagem (aí sempre é outra coisa), embora isso não signifique que seja indescritível ou incomunicável.

A linguagem, como disse Pardo, comunica a intimidade em

> [...] uma conversação na qual o importante não é o que se diz (ou o que se faz ao dizer) e sim o que se quer dizer, não o poder das palavras e sim sua impotência. Que isso não seja informação (nem possa sê-lo) não significa que não seja linguagem; ao contrário, isso que não se pode – e sim que se quer – dizer é precisamente o que se comunica implicitamente quando se fala [...]. A conversação íntima é aquela na qual alguém participa não para se informar de algo que outro sabe ou para fazer algo a outro, e sim para ouvir como soa o que outro diz, para escutar mais a música do que a letra, para saborear sua língua.[36]

Por isso a experiência de Lord Chandos (essa à qual deveríamos prestar atenção) não está no que diz, e sim está

---

[35]COTZEE, 2005, p. 232.
[36]PARDO, 1996, p. 117-118.

como que costurada ou colada ao que diz, como esse segredo que o discurso transmite em seus silêncios (não se trata de compreender o que diz e sim o que cala no que diz) e em suas alusões (aquilo ao qual enfatiza no que diz). Por isso, "cada palavra dita sempre quer dizer mais do que diz e nunca pode dizer tudo o que queria".[37] Porém, nisso está justamente sua força.

Daí que o importante não seja procurar averiguar o que há por trás das palavras de Lord Chandos (que é o que significam, a que se referem, a que tipo de enfermidade ou de experiência remetem, que estão nos dizendo ou de que nos estão informando), mas sim que há adiante, até onde se dirigem, de que maneira podem encarnar em nós (que somos carne de palavras, também de palavras apodrecidas), o que é que podem mover ou mobilizar ou incitar ou suscitar em nós.

Mais dicionário[38]

Impostura. Profissão dos políticos, ciência dos *experts*, opinião dos jornalistas e religião dos pregadores.

Independente. Pessoa com algum resto de amor próprio. Na política, na religião e na universidade, que são atividades corporativas e gregárias, esse é um termo claramente depreciativo.

Lacaio. Em sentido estrito, criado com libré. Aplicar essa palavra a políticos, jornalistas, *experts*, universitários e funcionários é um insulto que os honrados serventes não merecem.

Leitura. Conjunto do que se lê. Como na escola e na universidade, em vez de ler, se busca a informação, a leitura

---

[37]PARDO, 1996, p. 122.

[38]Ver nota 31.

ascendeu para a categoria de inútil, passou à clandestinidade, e desde logo só se pratica no limbo e seus limites.

Monólogo. Atividade de uma língua que carece de ouvidos. Como a dos jornalistas, dos políticos, dos *experts* e dos funcionários. Ultimamente, também foram detectadas muitas línguas sem ouvidos entre as autoridades acadêmicas das universidades catalãs.

Néscio. Pessoa que invade todos os domínios de todas as atividades intelectuais e morais. É oniforme, oniperceptivo, onisciente e onipotente. Já era visto nos alvores da criação, mas desde então não deixou de se divertir. Seus representantes mais notáveis no mundo de hoje são os políticos, os jornalistas, os funcionários e os *experts*. O pior é que quando todos tenhamos nos recolhido na noite do esquecimento, ele tomará corpo e escreverá a história da humanidade. E a escreverá à sua imagem e semelhança.

Passado. Mínima fração de uma parte da eternidade da qual temos um escasso conhecimento, embora acreditemos que o compreendemos todo. Uma linha em movimento perpétuo chamada Presente o separa de um período imaginário chamado Futuro. Em geral, o Passado está obscurecido pela desilusão e pela dor enquanto o Futuro reluz com as cores da felicidade e da alegria. Chama-se de progresso essa maneira estúpida de pintar o tempo e, na atualidade, é uma mercadoria de baixo custo que nos vendem os políticos, os *experts*, os jornalistas e os funcionários para justificar sua posição no mundo. Porque eles, não esqueçam, são os senhores.

Afinar o ouvido

A enfermidade de Lord Chandos é exemplar porque nos ajuda a sentir (com nossa língua) as misérias do presente, as formas com que neste nosso mundo se procura assegurar uma saúde feita de estupidez e indiferença. Falarei sobre isso muito brevemente. Trata-se, em primeiro lugar, de todos os dispositivos que nos fazem falar e ler e escrever em uma linguagem de ninguém e que a ninguém se dirige: na língua dos deslinguados, na língua neutra e neutralizada dos que não têm língua, nessa língua na qual é melhor não estar presente no que se diz, no que se lê, no que se escreve, em uma língua reduzida à informação e à comunicação. Trata-se, em segundo lugar, de todos os dispositivos que fazem com que seja impossível parar para pensar no que se diz, ou no que se lê, ou no que se escreve: os que nos dão uma língua sem atenção, sem detenção, sem pensamento, uma língua própria, não de indivíduos e sim de grupos, de coletivos, de instituições, de corporações, de todos esses lugares nos quais só se pode falar como está determinado, a língua dos políticos, dos *experts*, dos jornalistas, dos funcionários, a língua da opinião, do saber e do poder. E trata-se, em terceiro lugar, de todos os dispositivos que constroem e mantêm os lugares e as posições bem seguros e separados, os que tornam impossível a exposição, os que fazem com que nada nos afete, com que nada nos aconteça. É essa língua a que nos dá nojo. Mas não para apelar a uma renovação, e sim para nos manter em suspenso, para tratar de manter o ouvido apurado em uma época, como todas, de indigência.

A inquietude e o desassossego

O desassossego é uma enfermidade da identidade que tem a ver com a alma e com a relação que temos com o tempo. A inquietude, contudo, começa no cérebro e mina nossa relação com o espaço, destruindo sua familiaridade e suas certezas, e convertendo-o em asfixiante. Os místicos e os poetas cultivam o desassossego. Mas a inquietude pertence sobretudo às crianças e aos viajantes. Um dos sintomas da inquietude poderia se chamar de: nostalgia dos espaços abertos. Quando isso ocorre, a pergunta essencial não é a inofensiva e narcisista "quem sou?", e sim a perturbadora e perigosa "o que faço aqui?" Por isso aqui, no limbo, o principal não é interrogar o que somos, e sim onde estamos. E isso para partir imediatamente.[39]

Respirar

No *Primer Manifiesto Surrealista*, o de 1924, André Breton escreve o seguinte: "a experiência está confinada em uma jaula, em cujo interior dá voltas e voltas sobre si mesma, e da qual cada vez é mais difícil fazê-la sair...".[40] A suspeita, naturalmente, é que nossa experiência do educativo só nos acontece mediada ou enquadrada ou enjaulada pelas operações de categorização, de tematização, de ordenação, de desierarquização, de abstração, etc., que constituem as lógicas de nossos saberes e de nossas práticas. Porém há algo, seja isso o que for, que está fora da jaula e não podemos senti-lo, ou dizê-lo, ou pensá-lo, a partir de uma experiência enjaulada. Talvez sejamos nós mesmos os que estamos enjaulados junto com nossa experiência, e damos voltas e mais voltas sobre nós mesmos, sem nenhum outro, sem nenhum exterior, sem nenhum acontecimento, sem nenhuma surpresa, sem nada distinto a nós mesmos (ou a nossas projeções, ou a nossos desejos, ou ao que já sabemos, ao que já pensamos, ao que já queremos...) que nos atinja,

---

[39]Elaborado para o limbo a partir de uma das ideias de Bruce CHATWIN extraída do livro de entrevistas com Antonio GNOLI, *La nostalgia del espacio*. Barcelona: Seix Barral, 2002.

[40]BRETON, A. *Manifiestos del surrealismo*. Madrid: Guadarrama, 1969, p. 25.

ou que nos aconteça, ou que nos enfrente. E talvez nossa vontade de viver tenha a ver às vezes com um desejo de tirar a experiência da jaula, de fazê-la sair, de abri-la para o lado de fora, com um desejo de sairmos nós mesmos da jaula. A pergunta é agora "como sair daqui?" Trata-se de liberar a experiência, de fazê-la sair da jaula, de conseguir uma forma de liberdade, em suma, que tem a ver com o exterior, com o aberto: com o real que sempre é mais e outra coisa, que o outro sempre dá. Elías Canetti escreve isso da seguinte maneira: "A palavra liberdade serve para expressar uma tensão muito importante, talvez a mais importante de todas. Alguém quer sempre partir, e quando o lugar aonde quer ir não tem nome, quando é indeterminado e não se vê nas fronteiras, o chamamos de liberdade". E alguém quer partir porque se asfixia, porque o lugar em que está se torna irrespirável para ele. Por isso, Canetti acrescenta que "a origem da liberdade está na respiração".[41]

A linguagem e a realidade

Na enfermidade de Lord Chandos, o desmoronamento da linguagem é correlativo à presença terrível e ameaçadora da realidade, da vida, da realidade viva. Como se essa linguagem segura e assegurada que para nós já se converteu em fórmula e em clichê tivesse como função nos separar do real, da vida, e nos dar, em troca, uma realidade dissecada, falsificada, inanimada e morta, reduzida também ela à fórmula e ao clichê. Talvez por isso a palavra "realidade" seja uma das palavras favoritas dessa rede de jornalistas, políticos, *experts* e funcionários que se dedica a administrar a vida dos indivíduos e das populações. Como se o real

---

[41]CANETTI, E. *La provincia del hombre*. Madrid: Taurus, 1982, p. 11-12.

Ferido de realidade e em busca de realidade

não fosse outra coisa que o objeto do saber e a presa do poder dos dispositivos biopolíticos de governo, ou seja, como se o real não fosse outra coisa que aquilo que deve ser conhecido e governado, uma projeção de nosso saber, de nosso poder e de nossa vontade. Porém, a realidade que nos é apresentada na experiência não tem nada a ver com isso, e deveríamos situar em outro lugar a relação entre língua e realidade.

Há um aforismo de Peter Handke que diz assim: "A transformação de faz necessária quando algo que era válido como real deixa de ser real; se se consegue a transformação, então outras coisas serão reais; se nenhuma outra coisa se torna real, então a pessoa sucumbe".[42] E há um poema de Olvido Garcia Valdés que diz o seguinte: "Às vezes me acometem crises de irrealidade; não de identidade, e sim de irrealidade; não quem sou, e sim se estou. Onde vivemos? (O plural acolhe a muitos, mas sozinhos). Não onde somos vistos, somos encontrados, e sim onde nos sentimos viver".[43] O importante, então, não é a natureza do real, ou o conhecimento, ou a gestão, ou a transformação do real, e sim o que significa que algo seja "válido como real". Porque quando nada é válido como real, então é quando temos essa sensação de irrealidade sobre a qual escreve Olvido, e não só não sabemos onde vivemos como não sabemos sequer se vivemos uma vez que não "nos sentimos viver", e então "sucumbimos", ainda que continuemos caminhando sobre nossas pernas, tão tranquilos. Por isso o real está relacionado com a vida. E o sentimento de irrealidade, esse que faz com que a pessoa sucumba ou não se sinta viver quando já nada

---

[42]HANDKE, P. *Fantasías de la repetición*. Santa Cruz de Tenerife: Prames, 2000, p. 50.

[43]GARCÍA VALDÉS, O. *Esa polilla que delante de mi revolotea. Poesia Reunida.* Barcelona: Galaxia Gutemberg, 2008, p. 433-434.

"se torna real", está muito ligado ao sentimento de certa desvitalização da vida, a esse sentimento que nos faz dizer que esta vida não é vida, ou que a vida está em outra parte. Se isso nos acontece não é porque não estamos vivos, mas sim porque vivemos uma vida desvitalizada, uma vida à qual falta vida. E o que buscamos é algo assim como a vida da vida, uma vida que esteja cheia de vida. Se falamos, então, de que necessitamos que algo seja válido como real, isso tem a ver com a suspeita de que falta algo ao que nos é dado como real. Como se o que nos dizem que é, o que nos dizem que existe, o que nos dizem que acontece, fosse uma espécie de realidade sem realidade, uma realidade, poderíamos dizer, des-realizada, como se estivesse inclinada a perder. E buscamos então algo assim como a realidade da realidade, esse ingrediente, ou essa dimensão, que faz com que algo ou alguém seja válido como real, que nos dê certa sensação de realidade. Por isso, do mesmo modo que reclamamos que a vida esteja viva, reclamamos também que a realidade seja real, quer dizer, que tenha a legitimidade, a força, a presença, a intensidade e o brilho do real.

Muros

Dado que o solo é horizontal, e que a moral do trabalho atualmente imperante nos obriga a adotar, muito mais do que gostaríamos, posições verticais, entender-se-á que a situação do ser humano no mundo não é demasiado cômoda. Por isso, precisamos dos muros, para que nos ajudem a nos mantermos erguidos. Quando os muros se fecham sobre si mesmos, se convertem em guetos e cárceres de diversas espécies como as fábricas, as escolas, os manicômios, os hospitais, os condomínios geminados e os diversos tipos de escritórios. Quando sua altura é excessiva, tornam-se fronteiras, obstáculos e barreiras. São muros a metafísica, a ciência, a moral, a política, a religião, a arte e as formas consensuais da linguagem. Em geral, nos impedem de ver o outro lado, transpassar o âmbito do conhecido e aprender outras formas de viver, de pensar e de nos relacionarmos. E, o que é pior, nos fazem esquecer que alguma vez os construímos.[44]

Desejo de realidade

Podemos dizer que a pedagogia é esse conjunto de discursos mais ou menos especializados que serve para nomear o que há, o que acontece ou o que nos acontece em uma série de ambientes vitais ou existenciais determinados, os que têm a ver com a educação. E prestem atenção em que digo "vitais" e não simplesmente "profissionais". O que acontece é que esses discursos (talvez precisamente porque são profissionais e não vitais ou existenciais) raramente surpreendem, ou comovem, ou golpeiam com o que antes se chamava "a legitimidade, a força, a presença, a intensidade ou o brilho do real". Algo que de fato acontece, às vezes, com a literatura, as artes, o cinema ou a filosofia. Ou ao menos com certa literatura, com certas artes, com certo cinema e com certa filosofia. Como se o escritor, o artista. o cineasta ou o filósofo é que fossem sim, às vezes, capazes dessa relação com o real na qual o real está cheio de realidade. E talvez isso ocorra, precisamente, porque nem o escritor, nem o artista, nem o cineasta, nem o filósofo estão preocupados por isso que nos discursos pedagógicos se chama de "conhecimento do real" ou "diagnóstico do real" (ou, ao menos, não por um conhecimento do mesmo tipo, não por esse tipo de

---

[44]Elaborado para o limbo a partir do prólogo do livro de MAILLARD, C. *Contra el arte y otras imposturas*. Valencia: Pre-Textos, 2008.

conhecimento, o da investigação, que talvez pudéssemos chamar, provisoriamente, de conhecimento objetivante, ou conhecimento crítico), nem estão preocupados, tampouco, por isso que na pedagogia se chama de "transformação do real" (ou, ao menos, não por uma transformação de tipo técnico ou, inclusive, de tipo prático). E se o que eu estou chamando de pedagogia (em uma generalização abusiva e sem dúvida brutal) não é capaz de nos dar coisas que sejam válidas como reais e, inclusive, contribui para a desrealização do real e a correlativa desvitalização da vida, talvez fosse preciso começar a problematizar a sério nossas formas de olhar, de dizer e de pensar o educativo, nossas formas, definitivamente, de habitar esses espaços (não só de estar neles). E nos colocarmos no caminho de olhar de outro modo (e talvez possamos aprender do cinema, e de outras artes do olhar), de dizer de outro modo (aprendendo, talvez, da literatura, arte da palavra), e de pensar de outro modo (aprendendo aqui da filosofia, arte do pensamento). Para que esse modo de olhar, de dizer e de pensar nos faça encontrar talvez uma realidade que mereça esse nome e na qual nos sintamos viver.

A desrealização do real

O real não é coisa, e sim acontecimento. A coisificação e a objetivação destroem o real, o põem a perder. Por isso o sujeito da experiência não é um sujeito objetivador ou coisificador, e sim um sujeito aberto que se deixa afetar por acontecimentos.

O real não é um tema ou um problema, mas sim uma questão sempre aberta. Um tema exige um desenvolvimento, um problema exige uma solução, mas uma questão exige, por acaso, uma resposta. Por isso a tematização ou a problematização

Ferido de realidade e em busca de realidade

também são mecanismos de devastação do real. E o sujeito da experiência não é aquele que tematiza ou que problematiza, e sim o que pergunta e sobretudo o que se pergunta.

O real não é representação ou identidade, e sim presença. A representação e a identificação são essas operações de desdobramento ou de duplicação pelas quais algo ou alguém real e, portanto, singular, incompreensível, inidentificável e irrepresentável se converte em uma espécie de duplo de si mesmo enquanto é construído como representante de alguma categoria genérica que não é senão a encarnação de um estereótipo. Por isso os dispositivos de identificação desrealizam o real. E por isso o sujeito da experiência não é aquele obcecado pela vontade de identificar, uma vontade que sempre tem algo de policial, mas o que trata de estar ele mesmo presente na relação que estabelece com aquilo que se lhe apresenta

O real não é o que deveria ser, e sim o que é. Por isso as intenções sobre o real (inclusive as melhores intenções) o põem a perder enquanto o constroem à medida de nossa vontade, de nossos objetivos, de nossos fins e, definitivamente, de nosso poder. O sujeito da experiência não julga. Tampouco é aquele que se pergunta constantemente sobre o que poderia fazer para que o real seja outra coisa diferente do que é, para que seja, definitivamente, como ele gostaria que fosse. Não é um sujeito intencional, nem um sujeito jurídico, nem um sujeito crítico, e sim um sujeito atento. Et cetera, et cetera, et cetera.

Desejo de linguagem

As linguagens da experiência tratam de fazer justiça à realidade e à vida. Uma vez que dizem respeito à experiência, estão feridas de realidade, feridas de vida. Mas também querem constituir experiência. Por isso vão em busca da realidade e da vida. E isso não quer dizer, certamente, que tenham de estar evidenciadas nas diferentes retóricas do realismo nem que tenham de responder a pressupostos vitalistas. O realismo, na escrita, está muito desprestigiado. E os vitalismos, em filosofia, recordam vagamente a primeira metade do século passado. Porém, ao mesmo tempo, só nos interessam as escrituras que estão atingidas pela realidade, e os pensamentos que estão relacionados com a vida. Com esse algo que acontece ou que nos acontece, que não é simplesmente uma projeção de nós mesmos, que às vezes pesa, e às vezes dói, e às vezes assombra e maravilha, e sempre surpreende, e às vezes é incompreensível, e que eu gostaria, ao menos aqui e agora, de continuar nomeando com essas velhas e arruinadas palavras sem as quais a palavra "experiência" não tem sentido: a palavra "realidade" e a palavra "vida". Porque só é real, "válido como real", o que está vivo. E só nos sentimos viver se temos um "sentimento de realidade", quer dizer, se estamos em contato com algo que mereça ser chamado de "real". Além disso, há muitos âmbitos e muitos tipos e muitas dimensões da realidade, todas as que constituem nossa vida, todas as que nos tocam em um ponto sensível: o que vemos, o que sentimos, o que existe, o que inventamos, o que imaginamos, o que sonhamos, o que já não está e de que sentimos falta, o que acontece ou o que nos acontece. E é a isso que temos de ser fiéis no modo como o dizemos, o nomeamos, o representamos ou, em geral, o significamos. Trata-se, então, de problematizar o modo como colocamos juntas as palavras e as coisas, a linguagem e o mundo, o inteligível e o sensível, o sentido e a experiência. Por isso nossa forma de nos situarmos na relação ou no interstício entre o real e a linguagem é, literalmente, vital. Essa, e não outra, é a questão do relato e do ensaio como linguagens da experiência. As demais são

Ferido de realidade e em busca de realidade

técnicas de escrita, ladainhas autojustificativas e banalidades metodológicas.[45]

Vibrações

Nada restará de nossos corações. Cada uma de nossas partículas retornará a seu elemento. Mas nossas palavras traçaram um rastro, vibraram no ar, tocaram a outros. E o que vibra segue seu caminho, incita, se recarrega, se multiplica, cresce e continua. Transforma-se. Somente ouvido irá se transformar. O destino da palavra é se desintegrar quando chega a tocar o que é mais sólido do que ela: a carne. Ao se desintegrar como se desintegra qualquer signo apenas cumpre sua incumbência, isto é, ao mostrar aquilo a que se dirige. Porém, de novo, a palavra, felizmente, é mais do que um signo: é uma força viva que se desfaz quando alcança a matéria que há de lhe dar nova fora. A palavra se encarna, seu destino é encarnar-se.

A menina de Barcelona

A história se situa numa manhã de sábado de outono na Plaza Virrey Amat de Barcelona. Havíamos deixado as

---

[45]Sobre o relato e o ensaio como linguagens da experiência pode-se ver os textos incluídos em AAVV, *Déjame que cuente. Ensayos y narrativas y educación.* Barcelona: Laertes, 1995 (2ª edição em Buenos Aires, 2009). Também os trabalhos que há em Jorge LARROSA e Carlos SKLIAR (Eds.), *Entre pedagogía y literatura.* Buenos Aires: Miño y Dávila, 2005. E, por exemplo, Jorge LARROSA, "El ensayo y la escritura acadêmica" em *Propuesta Educativa* nº 26. Buenos Aires, 2003. "La operación ensayo. Sobre el ensayar y el ensayarse en el pensamiento, en la escritura y en la vida" em *Educação e Realidade.* v. 29. n. 1. Porto Alegre (Brasil), 2004. "Algunas notas sobre la experiencia y sus lenguajes", em Raquel LAZZARI; Leite BARBOSA (Ed.), *Trajetórias e perspectivas da formação de educadores.* São Paulo: Universidade Estadual de São Paulo, 2004.

Coleção "Educação: Experiência e Sentido"

meninas na porta do ginásio poliesportivo (a partida de basquete começaria uma hora mais tarde) e nós, o grupo de pais, fomos tomar um café num terraço ensolarado. Depois de um tempo, passou entre as mesas uma menina de cabelo negro, liso e longuíssimo, olhar triste, uma saia preta que ia até os pés e que tinha uns 12 anos de idade (a idade das nossas). Estava pedindo esmola. O grupo ao qual eu pertencia a ignorou completamente, creio que sequer a olhamos, e começou uma estranha conversação. Que se devia chamar a polícia; que é a família que a explora e esta menina, sem dúvida, seria muito mais feliz em outro lugar, daqui a um mês teria outro sorriso; que estão lhe roubando a infância (porque infância é o que nossas meninas têm, é claro, as que praticam esporte nos fins de semana, como tem que ser); que se acostumam com a mendicidade, a viver dos outros e não aprendem o que é o esforço e o trabalho (porque o esforço e o trabalho, claro, é o de nossas meninas, as que de fato aprendem a viver de si mesmas, a ser autônomas como se diz agora); que sempre são as crianças que o pagam (mas pagam o quê?); que menos mal que não havia nenhum motivo em cima da mesa porque já se sabe (o que quererá dizer isso de "já se sabe"? e, sobretudo "quem sabe?") que enquanto alguém o distrai pedindo o outro lhe rouba o bolso ou o telefone; que seria preciso fazer algo para que essas coisas não acontecessem, etc., etc., etc. A conversação me lembrou o filme *De nens*, de Joaquim Jordá, aquele que ele fez sobre o caso de pederastia do Raval. Nesse filme e, naturalmente, em nome de uma infância a proteger, por amor às crianças, faltaria mais, se empregam todos os aparatos policiais, jurídicos, psicológicos, assistenciais e mediáticos, toda essa bateria de *experts* que falam a partir da ignorância, ainda que, sem dúvida, a partir de uma ignorância muito informada, certamente sem que jamais lhes trema a voz, e tive a sensação de que nenhum de nós havia olhado para essa menina que havia passado disfarçadamente junto à nossa mesa, inclusive de que ninguém havia passado por ali, que sua passagem fugaz e quase imperceptível não havia sido outra coisa que um pretexto para o desdobramento de nossas opiniões (de nossos prejulgamentos, de nossa estupidez) sobre o que é uma criança e o que seria preciso fazer com ela.

A menina de Londres

Um pouco mais tarde, quando todos se levantaram para irem ver o jogo, decidi ficar um pouco mais para ver se passava meu mau humor. Então abri o jornal e a primeira coisa que vi foi uma coluninha de José Luis Pardo sobre um livro recém-publicado que se chama "Lo que está mal em el mundo". A coluna dizia assim:

Ao final do século XIX, a legislação higienista obrigava às meninas pequenas – obviamente, só as pobres, a rasparem o cabelo para lutar contra os piolhos que habitavam nos subúrbios; parecia uma medida sábia, e poucos notaram que o que estava mal eram os piolhos e os subúrbios, não os cabelos, e que, portanto, eram os primeiros, e não os segundos, o que era preciso eliminar. Certamente, tampouco havia muitos que dissessem publicamente que se o cabelo das meninas dos subúrbios estava cheio de piolhos é porque viviam, como seus pais e mães, pisoteados no pó por seus tiranos, e que o que seria preciso cortar era as cabeças destes e não os cabelos dos servos, embora este último fosse mais fácil. Entre os poucos que eram de fato capazes de dizer todas essas coisas encontra-se o autor destes ensaios, que em suas páginas de conclusões ilustra sua posição tomando o partido dessa moça andarilha que passeia seus formosos cachos de

COLEÇÃO "EDUCAÇÃO: EXPERIÊNCIA E SENTIDO"

cabelos ante as ávidas tesouras dos higienistas: "a pequena menina de rua de cabelo loiro dourado, aquela que acabo de ver passar junto à minha casa, não deve ser tosquiada, nem aleijada, nem alterada; seu cabelo não deve ser cortado como o de um convicto; todos os reinos da terra devem ser destruídos e mutilados para servirem a ela; ao seu redor, a trama social deve oscilar, romper-se e cair, os pilares da sociedade vacilarão e os telhados mais antigos desabarão, mas não será estragado nenhum fio de cabelo de sua cabeça". Chamava-se G. K. Chesterton e o mundo seria bastante pior sem seus livros.[46]

Aqui teríamos o segundo conto, ou uma segunda menina, um conto que se situa há mais de cem anos, em alguma rua de Londres, talvez também alguma manhã ensolarada, em que outra menina passa pela rua, mas em vez de cruzar com um grupo de cidadãos exemplares, ou seja, de imbecis perigosos, cruzou com um escritor.

A menina de São Paulo

As duas meninas ficaram bailando na minha cabeça e, ao chegar em casa, procurei uma terceira menina, para que a coisa não ficasse por demais dicotômica. De modo que procurei um livro e encontrei o terceiro conto, aquele que acontece na Avenida Paulista, em São Paulo (Brasil), desta vez na primavera, em um entardecer de 1984. Outra menina atravessa a paisagem, passa pela rua, e a testemunha agora não é um grupo de papais tão estúpidos quanto seguros de si mesmos, nem um escritor talvez irritado com o mundo, mas sim um cineasta, um desses que reinventou o realismo, ou melhor, desses que

---

[46] PARDO, J. L. Babelia. In: *El País*, 08 jan. 2008.

trabalham na confluência e na tensão entre os dois polos do cinema: o cinema do real (o que entende o mundo como uma realidade a desvelar através de algum tipo de epifania, do surgimento inesperado de alguma espécie de verdade) e o cinema da construção (o que entende o mundo não como um real a revelar ou a descobrir mas sim como uma construção labiríntica, vertiginosa, sempre com duplo ou triplo fundo, ou sem fundo), mantendo sempre a tensão entre o documental e a ficção, o real e o mental, o concreto e o abstrato, o material e o ideal, o dado e o construído, o físico e o metafísico.

O caso é que Abbas Kiarostami estava como jurado de um festival de cinema, havia terminado o trabalho, não tinha nada para fazer, desceu até a rua, e uma menina lhe chamou a atenção:

> Acendo um cigarro e, a dois metros de mim, vejo uma menina que está revirando lixo. Seus seios estão despontando. Usa calças verdes e saltos de três ou quatro centímetros. A menina veste duas camisetas, uma em cima da outra (a de baixo justa, branca, suja; a de cima maior e ainda mais suja). No cabelo, muito cacheado, tem uma piranha exatamente do mesmo tom de verde das calças. Carrega uma bolsa de plástico. Seus gestos são delicados, deliberados. Ansioso, sigo-a com o olhar. Anda muito bonito, sem pressa, caminhando de um lixo a outro.[47]

O cineasta a segue a distância, a observa e, por razões que ele mesmo não entende, fica obcecado por ela:

> Ao princípio tudo era fácil. Podia desistir, me esquecer. Mas agora estou demasiado implicado. Quero

---

[47]KIAROSTAMI, A. Sobre la mirada (Uma buena ciudadana). In: MASS-CHELEIN, J.; SIMONS, M. (Eds.). *Mensages e-ducativos desde tierra de nadie*. Barcelona: Laertes, 2008, p. 58.

saber se a menina, finalmente, vai encontrar algo para comer. Mas não, não é só isso. Não há nada novo na fome humana. O problema da fome entre os que não têm fome tampouco é novidade. Desde o primeiro dia, nessa cidade, topei com um número enorme de famintos pelas ruas. Um número muito maior do que me haviam contado. Mas essa menina em particular tem alguma coisa que me chamou a atenção. Gosto do modo como se veste, de sua maneira de andar, sua idade e seus seios minúsculos. Caminha com orgulho. Caminha de uma forma diferente dos outros. Seu porte é superior ao dos outros famintos [...]. Sua expressão é digna e acalmada. Sua pele, delicada e saudável. Seu rosto não reflete pobreza, nem fome, nem desespero. Não parece olhar nada, não parece dar-se conta de nada. Está claro que ninguém a olha. Não há, na menina, nada que de fato chame a atenção. Mas é impossível não notá-la. Quem a vê dar vinte passos não pode ficar indiferente. Eu a teria notado, inclusive mesmo que tivesse metido as mãos no lixo. Parece uma princesa dedicando a tarde a passear por um imenso jardim. Caminha com um passo um pouco mais rápido do que os que estão passeando, é verdade, porém como alguém que quer perder peso. Mas não está nem gorda nem magra. Suas formas estão perfeitamente proporcionadas. As nádegas, um pouco mais pronunciadas que a média. Talvez pela roupa. Talvez os saltos de três ou quatro centímetros façam com que as nádegas se sobressaiam. Mas não é por isso que a estou seguido. É possível que uma pessoa com fome, e em busca de comida, possa manter seu orgulho. É possível que uma pessoa pobre possa ter, por algum acaso, umas nádegas formosas. Eu a sigo pelo que representa. Não sou uma pessoa boa, uma pessoa humanitária, um sentimental. O que me leva a segui-la é a combinação da beleza, orgulho e fome. E deve se tratar de uma combinação poderosa, porque, via de regra, eu desvio os olhos dos pobres. Não gosto que me incomodem. Odeio ver a pobreza, a fealdade, a enfermidade e a desgraça. Não sou responsável pela fome. Alimento-me com minha parte (nem mais, nem menos). E estou dizendo tudo isso para que você não pense que sou dado a sentimentalismos. Não, nunca. E, sim, sigo a menina porque não tenho nada para fazer, de maneira que não faço o que faço movido por nenhuma preocupação humanitária".[48]

Moral da história

Três meninas (ou a mesma menina) passam pela rua. Os cidadãos respeitáveis não as olham, mas manifestam em torno de sua ausência o que eles sabem, o que eles opinam, o que eles creem que seria preciso fazer com elas. Mesclam o policial e o humanitário (a biopolítica e as boas intenções) de uma forma parecida com aquela como a maior parte do discurso pedagógico convencional. O escritor irritado sente que todos os poderes da terra, toda a ordem social, cambaleiam diante de seu passo desafiante. A menina não confirma o mundo, mas sim o põe em questão na sua totalidade. O cineasta coloca em jogo toda a sua atenção para cancelar qualquer projeção emocional ou de qualquer outro tipo e conseguir nos levar a ver (e a pensar) a beleza longínqua e incompreensível, mas radiante, dessa mescla andante de orgulho e fome.

Eu não sei se esta história diz algo das diferentes formas como fazemos com que algo seja, ou não, "válido como real". Não sei se diz algo da experiência, do que nos acontece quando algo ou alguém, uma menina, passa pela rua. Não sei se diz

---

[48]KIAROSTAMI, 2008, p. 59-60.

algo do "sentir-se viver". Não sei se diz algo da linguagem, ou de certo tipo de linguagem, esse que nos ensina a olhar, a sentir, que nos torna atentos. Mas, possivelmente, nos permite pensar alguma coisa. Ou, simplesmente, nos faz pensar em outras meninas, em outras coisas que acontecem ou que nos acontecem, e nessa sensação de irrealidade que às vezes nos acomete quando reduzimos o que acontece a uma projeção de nós mesmos ou, em outras palavras, de nosso saber, de nosso poder e de nossa vontade. Não se trata, é claro, de querer escrever como Chesterton ou como Kiarostami. Mas não é mau ler um ou ver os filmes do outro, ainda que seja só para tratar de não ser tão estúpidos como os cidadãos exemplares de minha primeira história e os políticos, os *experts*, os jornalistas e os funcionários que cultivam e encarnam suas formas estúpidas de sentir, de pensar e de dizer.

Sobre a arte de tocar as castanholas

Outra vez Ferlosio:

> [...] um dos mais inteligentes espanhóis – cujo nome, por desventura, eu nunca soube –, autor de uma *Arte de tocar as castanholas*, começava o prólogo de seu tratado com esta declaração absolutamente exemplar e memorável: "Não faz nenhuma falta tocar as castanholas, mas em caso de tocá-las, mais vale tocá-las bem do que tocá-las mal". Se isto disse aquele homem, alcançando iluminar simultaneamente a ética e a estética com um mesmo e único resplendor de luz, referindo-se à declaradamente inútil dedicação de tocar as castanholas, bem cabe aplicar o mesmo a outras dedicações que, em vez disso, tendem a ser consideradas, em princípio, necessárias.[49]

---

[49]FERLOSIO, R. S. Cultura, ¿para qué? In: *El alma y la vergüenza*. Barcelona: Destino: 2000, p. 320.

Ler e dar a ler

Os pedagogos, dizia antes, fizemos cara, ou carranca, de *experts*, de políticos, de jornalistas e de funcionários. Por isso a linguagem dominante no campo é uma mescla pastosa, pegajosa e totalitária das línguas de todos esses grêmios. Além do mais, a maioria de nós vive encurralada, como as aves asquerosas, em espaços universitários, ou seja, colocados a serviço do Governo e completamente mercantilizados. Como se isso fosse pouco, o imperativo dos dispositivos da "pesquisa" e das pressões da "carreira acadêmica" nos obrigam a escrever, e a publicar, de uma forma completamente absurda, inútil e enlouquecida. Escrever (e ler) se converteram em práticas espúrias e mercenárias, orientadas à produção de textos direcionados sobretudo aos comitês de avaliação e aos organismos financiadores de projetos de pesquisa. E, como bons professores, nos dedicamos a explicar e a doutrinar quando falar a partir da experiência e para a experiência consiste, exclusivamente, em dizer algo a alguém, como igual, e não como aluno, não como alguém a quem é preciso explicar alguma coisa ou convencer de alguma coisa. José Ángel Valente dizia com clareza: "Escrever é uma ventura totalmente pessoal. Não merece julgamento. Não o pede. Pode produzir, produz às vezes no outro uma escolha, uma enfermidade, uma penetração. Outra aventura pessoal. Isso é tudo".[50] Então, é possível algum tipo de "verdade" nessas condições? Inclusive a "experiência" se converteu em tema de pesquisa, em disciplina acadêmica e em motivo de escrita de teses doutorais. As formas institucionalizadas de escrever expulsam os que têm língua, os que pensam o que dizem e os que não se acomodam às formas coletivas e gregárias de trabalho que nos são impostas. Não é mau, então, insistir,

---

[50]VALENTE, J. A. *Notas de un simulador.* Madrid: La Palma, 1997, p. 22.

como Ferlosio, em que não há nenhuma necessidade. Nem de tocar as castanholas, nem de escrever. Se não somos capazes de fazê-lo bem, mais vale não fazê-lo. Deveria bastar ler. Y, se trabalhamos na universidade, deveria bastar ler e transmitir o que temos lido, que não é pouco. Deveria bastar dar a ler[51]. Como naqueles tempos remotos nos quais ainda se estudava.

Palavra de poeta

Talvez essa relação entre a língua e a vida, entre a língua e a realidade, só seja custodiada já pelos poetas ou, em geral, pelos que ainda são capazes de prestar atenção ao que a língua tem de poético, ao que a vida tem de interminável e ao que a realidade tem de incompreensível (quando está viva e nos toca num ponto sensível). Comecei comentando uns versos de Montale, de Vilariño, de Pessoa. Terminarei com palavras de Paul Celan, umas palavras que fazem com que este texto que você talvez acaba de ler seja completamente prescindível, essas nas quais se define o poeta como aquele que "exposto em um sentido nunca antes previsto, e portanto terrivelmente ao descoberto, vai com todo seu ser à linguagem, ferido de realidade e em busca de realidade".[52]

---

[51] Ver LARROSA, J. Dar a leer, quizá... In: *Entre las lenguas. Lenguaje y educación después de Babel*. Barcelona: Laertes, 2003.

[52] CELAN, P, Discurso de Bremen. *Rosa cúbica. Revista de poesía*. n. 15-16. Barcelona, 1996, p. 50.

CAPÍTULO 5

Fim de partida.
Ler, escrever, conversar
(e talvez pensar) em uma
Faculdade de Educação[1]

Tradução de Cristina Antunes

*Uso as palavras que me ensinaste. Se não querem
dizer nada, ensine-me outras. Ou deixe-me calar.*
Samuel Beckett

Experimente de novo todos os verbos.
Peter Handke

Algo segue seu curso

1.

A incumbência parece simples: não se trata de escrever sobre Rancière, mas de usar alguns de seus textos para

---

[1] Este texto responde a uma demanda para um número monográfico editado por Maarten Simons e Jan Masschelein em uma revista australiana. Foi escrito no calor das revoltas universitárias contra a reforma neoliberal da universidade europeia, a partir de Bolonha. Há uma tradução para o espanhol em SIMONS, Maarten; MASSCHELEIN, Jan; LARROSA, Jorge (Eds.) *Jaques Rancière, la educación pública y la domesticación de la democracia.* Buenos Aires: Miño y Dávila, 2012.

dizer umas tantas coisas que possam ter algum sentido para um agrupamento mínimo de professores universitários que continuam empenhados em manter um lugar para a filosofia no campo educativo. E aqui estou, professor de filosofia em uma Faculdade de Educação, leitor e divulgador da obra de Rancière há muito tempo, com seus livros sobre a mesa, com tudo o que pude conseguir de Jacotot, e com uma tristeza crescente em relação ao curso das coisas em geral e ao curso de tudo o que tem a ver com a universidade, com a filosofia e com a educação em particular. Hoje, 15 de novembro, me sinto como Hamm e Clov "nesse interior sem móveis" em que se desenrola seu final de partida: "Hamm (angustiado): Mas o que acontece, o que acontece? Clov: Algo segue seu curso".[2] Algo que contemplo com uma mescla de raiva e de impotência e que, por mais que tente, não consigo ter a sensação de que esteja relacionado comigo.

O que tenho não é muito, mas pode servir para começar. Três palavras: universidade, filosofia, educação. Um estado de ânimo: tristeza, raiva, impotência. Uma delimitação espacial: um interior sem móveis. Uma anotação temporal: o que acontece, esse algo que segue seu curso implacável, irremediavelmente alheio, que poderíamos chamar de "a universidade que vem". Os rostos atentos e pensativos de Jan e de Maarten atrás de minha nuca. E uma pilha de livros da qual retiro uma primeira citação: "A igualdade é fundamental e está ausente, é atual e intempestiva, sempre remetida à iniciativa dos indivíduos e dos grupos que, contra o curso ordinário das coisas, assumem o risco de verificá-la, de inventar as formas, individuais e coletivas, de sua verificação".[3]

---

[2] BECKETT, S. *Fin de partida*. Barcelona: Institut del Teatre, 1990, p. 15.

[3] RANCIÈRE, J. Prefacio a esta edición. In: *El maestro ignorante*. Barcelona: Laertes, 2003a, p. VII.

Então respiro fundo, sublinho a iniciativa, o risco e a invenção, "contra o curso normal das coisas", anoto à margem a palavra "filosofia?", assim, com interrogação, engulo a saliva que tem gosto de tristeza, olho pela janela, folheio uma revista, falo com um amigo sobre as novidades da faculdade e comprovo outra vez que sim, que tudo segue seu curso, que a universidade que vem está realmente vindo, ininterrupta, e começo a escrever, a formular uma pergunta, numa primeira pessoa do plural que não tem nada de majestática e que não pretende outra coisa senão construir um nós com esse estranho e mínimo coletivo sem o qual não poderia sequer começar. Um nós de que faço parte e para o qual ao mesmo tempo me dirijo, composto também por alguns amigos com quem compartilho e tenho compartilhado essa preocupação pelo lugar da filosofia na educação (mais rostos atrás de minha nuca). Um nós que é também um eu, e um tu, e um vós, e cujo único modo de existência, aqui e agora, é este texto que o pressupõe, o constitui e, ao mesmo tempo, pretende sua verificação. Portanto, não escrevo para convencê-los de nada (já lhes disse que a única coisa que tenho é uma pergunta) nem para lhes explicar nada (certamente não vou lhes dizer nada que não saibam), mas para ver se sou capaz de dizer algo que valha a pena pensar sobretudo para que me ajudem a dizê-lo e a pensá-lo.

2.

Nos tempos atuais, serve para alguma coisa, nessa universidade que está surgindo, voltarmos a pensar o lugar da filosofia nas instituições encarregadas da formação de profissionais da educação? A primeira coisa que teria de fazer é delimitar a pergunta. Não examiná-la em termos de utilidade (aí a resposta seria clara: não, não serve para nada), mas em termos de sentido. Ou, dizendo de outra maneira, não colocá-la a serviço de procedimentos de legitimação institucional (na universidade que vem, essa batalha está perdida e, no fundo, não nos importa), mas para identificar se a partir dela podemos pensar algo interessante para nossa condição de professores, de filósofos e de universitários. Mais que isso, essa pergunta só diz respeito a nós (e não é, portanto, uma pergunta abstrata, vazia) porque está trespassada por nosso próprio desassossego com respeito a qualquer dessas identidades: nossa dificuldade, cada vez maior, para nos reconhecermos como professores e como filósofos, e nossa convicção, cada dia mais clara, de que *esta* universidade não é a nossa. Como escrevem Masschelein e Simons a propósito da nova universidade do capitalismo globalizado: "dói-nos fazer parte dela; seu futuro não é o nosso, seu éthos de trabalho nos parece cada vez menos evidente".[4] A pergunta, portanto, não tem a ver com a legitimação institucional de uma disciplina universitária chamada Filosofia da Educação. A filosofia, para nós, não é uma disciplina, e sim uma atividade que tem a ver talvez com o pensamento. E o pensamento é sempre uma indisciplina ou, dito de outro modo, um acontecimento, um talvez, que não se pode nem produzir, nem predizer, nem presumir, e que, além do mais, acontece, ou pode acontecer, em qualquer lugar. Não se trata de repensar o lugar da Filosofia da Educação, nem da aula de filosofia, sequer do que poderia ser uma orientação filosófica nas disciplinas teóricas ou práticas encarregadas da formação universitária dos profissionais da educação. A pergunta tampouco tem a ver com qualquer pretensão de oferecer uma ideia alternativa de universidade para contrapô-la à universidade que vem. Nós, como Jacotot, não cremos nas

---

[4] MASSCHELEIN, J.; SIMONS, M. 'Who' could be opposed to a University of excellence? On the idea of a 'World University' concentrated around pools of attention. Disponível em: <http://www.interdisciplinary.net/ati/education/ioe/>, 2004, p. 1.

Fim de partida

instituições nem nas políticas institucionais e, além disso, sabemos que tudo segue seu curso e que *outra* universidade é impossível. A pergunta, por último, não tem relação com o ofício de professor entendido como um profissional do ensino e da pesquisa que se propõe questões de objetivos, de métodos e de eficácia.

A pergunta, para nós, só tem sentido se por filosofia entendemos uma das formas possíveis que assume essa atitude de invenção, de iniciativa e de risco que atua intempestivamente contra o curso ordinário das coisas, ou seja, também e sobretudo contra o que determina o modo como nos é dada, nos tempos atuais, nossa própria posição de professores e de filósofos no interior do campo educativo. Então, trata-se de verificar se somos capazes de converter isso que ainda estamos chamando de filosofia em uma prática de pensamento que seja heterogênea a respeito das lógicas que presidem a formação universitária dos profissionais da educação ou, em outras palavras, se somos capazes de fazer da filosofia uma atividade na qual o que acontece (e o que nos acontece) se diferencie (difira, faça diferença) de todas essas lógicas e, portanto, uma atividade heterológica que faça com que o aluno se separe de sua condição de aluno, o professor de sua condição de professor e as disciplinas de sua condição de disciplinas.

Já sabemos que a universidade que vem mudando a forma de ser professor, a forma de ser aluno e a forma de organizar as disciplinas de conhecimento a partir do ponto de vista de seu ensino e de sua aprendizagem. Porém, nós não gostávamos das velhas formas e tampouco gostamos das novas. Propor novas formas de ser aluno, novas formas de ser professor, novas disciplinas, ou novos conteúdos, novas funções e novos procedimentos para essa nobre e antiga disciplina que se chama filosofia e que até agora tem sido nossa, seriam ações que não iriam, em absoluto, contra o curso ordinário das coisas. Muito pelo contrário: isso é, precisamente, o que a universidade que vem espera de nós. Mas nós não temos nada a ver com isso, e o que queremos inquirir é se isso que ainda estou chamando de filosofia, isso que caracterizei acima como uma atividade que tem a ver talvez com o pensamento, pode fazer algo, de alguma maneira, em algum lugar, em algum momento, talvez, para "des-alunizar" os alunos, "des-professorizar" os professores e "des-disciplinar" as disciplinas. Algo que não pode ser (já dissemos que tudo segue seu curso e que outra universidade não é possível), mas que, contudo, acontece todos os dias, e não necessariamente nas aulas rotuladas com a palavra filosofia.

3.

Já faz muito tempo que li *O mestre ignorante* pela primeira vez com uma estranha mistura de perturbação e deslumbramento. Sou responsável por sua tradução ao espanhol e ao português, organizei algum artigo sobre o livro e o comentei em diferentes ocasiões e a partir de diversos pontos de vista. Mas tenho a sensação de que não acabei de lê-lo e sobretudo de que esse livro não acabou de me ler. Às vezes o fantasma de Jacotot me aparece para dizer-me que não é isso, que ainda não o li bem, que não prestei atenção suficiente, que não se trata de compreender o que o texto diz e sim de encarnar o que o texto pode, "de reencontrar além das palavras e das representações a potência pela qual as palavras se põem em movimento e se tornam atos".[5] O louco insiste repetidamente: o importante é você pensar no que faz e no que diz, estar atento ao que acontece com você, manter sua capacidade de iniciativa, de invenção e de risco contra a lei da gravidade, contra o curso ordinário das coisas, contra sua tendência natural à distração, à estupidez e ao aturdimento.

---

[5] RANCIÈRE, J. *La chair des mots. Politiques de l'écriture*. Paris: Galilée, 1998b, p. 12.

E talvez tudo isso não seja senão uma tentativa (mais outra) de elaborar o sentido ou a falta de sentido do que fazemos, do que dizemos e do que nos acontece, levando a sério as advertências do louco, colocando-as em movimento e convertendo-as em atos.

4.

Não tenho certeza de que as palavras invenção, iniciativa e risco combinem com meu estado de ânimo. Antes falava de tristeza, de raiva e de impotência, além disso, sinto-me cada vez mais cansado. Meus amigos me dizem que estou me tornando um velho rabugento, desses que ficam reclamando de todos e de tudo. Ademais, não somos nós que tratamos de resistir à universidade que vem, ao contrário, é ela que nos venceu relegando-nos a espaços cada vez mais insignificantes que tentamos ocupar enquanto pudermos com um mínimo de dignidade sem nos atraiçoarmos muito. Todavia, não está claro, ao menos para mim, se tenho tendência a professor triste, a professor cansado, a professor rabugento, a professor insignificante, ou a professor a quem seus cansaços, suas tristezas, suas birras e suas insignificâncias vão desprofessorizando cada vez mais. Portanto, insisto que não falo a partir da excitação da novidade (parece-me que não se trata aqui de inventar nada, e sim de manter ou de atualizar, repetidamente, esse gesto antigo de "parar para pensar"), nem da epopeia do risco (já sei que este jogo é necessariamente perdedor e que o que jogamos nós, os professores, os filósofos, os universitários, não é muito nem tem demasiada importância), nem sequer da ética ou da estética da resistência (na realidade, a única coisa a que resistimos é ao nosso próprio desaparecimento, e isso tampouco é muito importante), mas sim a partir de um interior sem móveis no qual me sinto um vencido: um renegado cada vez mais triste, mais cansado e mais insignificante.

O tempo de *Esperando Godot* ainda estava orientado pela espera, mas neste *Fim de partida* não há nenhum drama, "desde que Clov disse, em sua primeira réplica, 'Acabou, está acabado, acabará, talvez se acabe...' já não acontece nada mais, há uma agitação vaga, há um montão de palavras, mas não há drama".[6] Tudo transcorre em um dia único e interminável em que uns personagens condenados à extinção repetem, incansavelmente, o mesmo jogo, em uma partida que sabem perdida desde seu início. Então, de onde tirar as forças para continuar jogando, para continuar nos perguntando pelo lugar da filosofia no campo educativo (uma pergunta que, visto que não há drama, não pode ser uma pergunta dramática), ainda que saibamos que o jogo talvez só possa consistir numa certa agitação e num montão de palavras?

5.

O que ainda conservo, isso sim, apesar de tudo, é o amor. O amor aos livros, o amor à vida e o amor, por que não dizê-lo, aos jovens, aos que começam, aos que chegam às aulas universitárias com vontade de aprender, de ler, de escrever, de conversar, de pensar, com vontade de viver. Já sei que parece vulgar, porém algo como o amor, como a amizade, está na própria raiz dessa palavra, filosofia, na qual ainda me reconheço. Ainda que se trate, claro, de um amor cansado, triste e cada vez mais impotente. Habito a universidade, como disse o poeta, "desesperadamente / com amor cego / com ira / com tristíssima sapiência / para além dos desejos / ou ilusões / ou esperas / e esperando não obstante".[7] Porque o amor é cego, sem razão de ser, sem por que nem para quê e, não obstante, contra o curso ordinário

---

[6] SANCHÍS SINISTERRA, J. Beckett dramaturg. La penúria i la plétora. In: BECKETT, S. *Fi de partida*. Barcelona: Institut del Teatre, 1990, p. 14.

[7] VILARIÑO, I. *Poesía completa*. Barcelona: Lumen, 2008, p. 146.

das coisas, espera o que não sabe e o que não pode. O que sei, o que aprendi, minha tristíssima sapiência, me diz que não há motivos para esperar, porém na ira e na tristeza, e sem me produzir ilusões, espero, não obstante, o que não se pode esperar: que ainda seja possível algo como a filosofia (a invenção, a iniciativa e o risco), nessas instituições universitárias de formação de educadores nas quais algo segue seu curso e onde cada vez é mais difícil encontrar um espaço onde exista algo assim como livros, algo assim como vida e algo assim como jovens, e onde se possa tentar criar uma boa relação (uma relação filosófica, pensante) entre eles. Porque talvez seja isso que estou chamando filosofia: uma relação entre os livros, os jovens e a vida na qual possa surgir talvez algo assim como o pensamento.

6.

Certamente Platão também estava triste, cansado e derrotado quando escreveu uma carta aos amigos de Dión e lhes disse:

> Quando a custa de mil esforços são friccionados, uns contra os outros, os diferentes elementos, nomes e definições, percepções da visão e dos outros sentidos, quando são submetidos a discussões benevolentes, em que a má intenção não dita nem as perguntas nem as respostas, só então surge a luz da inteligência e da sabedoria até o máximo do que pode alcançar a capacidade humana.[8]

Talvez a filosofia seja (também) isso: friccionar repetidamente, trabalhosamente, com a máxima atenção possível, o que se vê e o que se diz, as percepções dos sentidos e os

---

[8] PLATÃO. Carta séptima. In: *Las Cartas*. Madrid: Instituto de Estudios Políticos, 1970. 344b, p. 92.

nomes e as definições, as coisas e as palavras, o mundo e os livros. E fazer isso com outros que também tenham vontade de se esforçar, em discussões benevolentes, sem rivalidade, sem inveja, sem pretender chegar a um acordo, sem tratar de ter razão, conversando. O atrito produz calor, energia, e só com o calor pode surgir a faísca, esse indemonstrável que Platão chamava de inteligência e sabedoria e que eu estou chamando de pensamento.

7.

O que acontece, o que me acontece, é que quando falo de livros, de meu amor aos livros, não me refiro aos livros escolares: nem aos que sabem (esses que servem para que os alunos, como se diz agora, "busquem informação"), nem aos que explicam, nem aos que opinam, persuadem, sensibilizam ou doutrinam. Desses há muitos na universidade e, além do mais, dedica-se muito tempo e muitas energias para inovar seus formatos e para torná-los mais eficazes do ponto de vista de sua função informativa ou explicadora, ou doutrinadora. Eu me refiro aos livros que dizem alguma coisa, não aos que nos dão lições. E desses, como é natural, não há quase nenhum, pelo menos na minha Faculdade. E o que acontece, o que me acontece, é que, quando sugiro ler algum desses livros, desses que me parecem dizer alguma coisa, me custa muitíssimo que não se faça deles uma leitura escolar, que não sejam lidos como um texto informativo, explicador, opinador ou doutrinador, que não seja privado, em suma, de sua potência de vida.[9] Já sei que todos os que habitam a universidade somos produto de textos escolares e de leituras escolarizadas. Já sei que o contexto (uma instituição escolar, definitivamente) marca o tipo de leitura. Já sei que uma Faculdade de Educação é precisamente o lugar

---

[9] LARROSA, J. Dar a leer... quizá. In: *Entre las lenguas. Lenguaje y educación después de Babel*. Barcelona: Laertes, 2003.

onde se produzem e se reproduzem sistematicamente essas lógicas escolares. Mas já disse que meu amor é pelos livros, não pela escola. A escola me entristece e, às vezes, cada vez mais, me deixa de mau humor. Além do mais, me cansa enormemente isso de cuidar de desescolarizar os livros e a leitura, e de fazê-lo tanto por amor aos livros e à leitura como por amor aos jovens e à vida. E a universidade que surge, cada vez mais escolar, torna quase impossível qualquer movimento, por modesto e insignificante que seja, que trate de ir contra o curso ordinário das coisas.

Além disso, quando falo de jovens não me refiro aos alunos, aos que habitam as aulas universitárias carregados de pastas de notas, permanentemente ocupados, preocupados com as avaliações, os créditos e, como dizem eles, "tirar as disciplinas da frente". Eles e suas formas de fazer, de dizer e de pensar também são um produto da lógica escolar. Sua relação com os livros e com o mundo foi completamente escolarizada. O mundo, o que poderíamos chamar o real, foi convertido nesse objeto dos saberes e das práticas que se apresenta na universidade perfeitamente ordenado, determinado, definido e classificado, convertido numa disciplina, numa matéria de estudo, numa série de objetos dispostos para a investigação e a intervenção. Por isso, quando os alunos falam, não posso deixar de ter a sensação de que não são eles os que falam. Quando falam a linguagem do saber, a única coisa que dizem é: "sou um aluno". E esse "sou um aluno" expressa espanto, mas também humilhação e impotência. Nada mais (e nada menos) que o resultado dos mecanismos do aturdimento explicador, os quais os convertem em explicados e a nós em explicadores. E quando falam a linguagem da opinião o que dizem é: "sou fulano de tal, um indivíduo pessoal que se expressa livremente". E o que sinto aí é que o assim chamado "indivíduo pessoal", essa personalidade expressiva não é outra coisa que o produto de outros

Coleção "Educação: Experiência e Sentido"

mecanismos de aturdimento. Não os da explicação, e sim os da opinião, os que fabricam a opinião pública, os que nos fabricam (a eles e a nós) como opinadores.

Já sei que não é (só) isso. Já sei que Rancière escreveu um de seus livros para mostrar o modo como certas lógicas historiográficas (mas também próprias das ciências sociais, visto que se trata das lógicas historiográficas da era das ciências sociais) desativam o excesso e a pluralidade de palavras das pessoas, em especial a dos pobres, dos proletários, dos camponeses, remetendo-as à terra, às ideologias, aos fatos materiais, às mentalidades, a esse tipo de regularidades que não se atribuem a nenhum sujeito particular, de maneira que quando alguém fala, "sua palavra não é mais que a expressão de seu modo de ser", das forças que o constituem e que fazem que diga o que diz e que o diga como diz. A história das mentalidades, escreve Rancière, "dá às palavras outra carne, sem a sutileza da encarnação, sem a viagem malograda do céu à terra".[10] Os sujeitos falantes da história, diz Rancière, não são nem nomes próprios nem nomes comuns, não estão determinados nem por sua identidade pessoal, nem por sua identidade coletiva. Os seres de palavra, os jovens como seres de palavra, não são nem indivíduos pessoais nem alunos, e sim "os nomes singulares, falsamente próprios e falsamente comuns, de um estar-juntos sem lugar nem corpo: entre diversos lugares e diversas identidades, diversos modos de localização e de identificação".[11]

A palavra escolarizada perde sua força, sua capacidade de dizer alguma coisa. Como essa força também é perdida pelo mundo escolarizado e a vida escolarizada. Por isso, trata-se de inventar formas de desdisciplinar as disciplinas, de desescolarizar

---

[10]RANCIÈRE, J. *Les noms de l'histoire. Essai de poétique du savoir.* Paris: Seuil, 1992, p. 178.

[11]RANCIÈRE, 1992, p. 189.

as palavras, os textos, as formas de ler e de escrever, as formas de conversar, para que possam recuperar sua capacidade de encarnação, sua viagem malograda, sua potência de vida. E, para isso, é preciso inventar formas de desescolarizar os alunos, de desalunizá-los, e de desescolarizarmos a nós mesmos, nos desprofessorizarmos, para podermos pôr em jogo, eles e nós, outras relações com a linguagem, com o mundo e como nós mesmos. Como diz Rancière, inventar as formas para "uma subjetivação malograda constituída a partir de lugares de palavra".[12] Talvez outra maneira de nomear o que estou chamando de pensamento.

8.

Gilles Deleuze também o havia expressado bem claramente: o que se contrapõe ao pensamento é a estupidez. O não pensamento não seria a ausência de pensamento e sim "uma estrutura do pensamento como tal": algo que talvez pudéssemos chamar de um pensamento estúpido. Esse pensamento estúpido, continua Deleuze, é a tradução para o pensamento "do reino dos valores mesquinhos ou do poder de uma ordem estabelecida". E imediatamente acrescenta que o pensamento estúpido não é coisa do passado, ou dos outros, ou dos que não sabem pensar, ou dos que não pensam como nós, ao contrário, é coisa nossa, algo que se deriva quase naturalmente, como uma secreção, da mesquinhez de nossa vontade de viver e de nossa sujeição à ordem, a qualquer ordem: "a estupidez e a baixeza são sempre as de nosso tempo, as de nossos contemporâneos, nossa estupidez e nossa baixeza".[13]

Por isso não são só os alunos que estão emburrecidos. O mecanismo do emburrecimento explicador e do emburrecimento opinante também atua sobre nós. O problema é

---

[12]RANCIÈRE, 1992, p. 186.

[13]DELEUZE, G. *Nietzsche y la filosofía*. Barcelona: Anagrama, 1971, p. 146-156.

sobretudo nosso próprio emburrecimento, esse que se deriva do fato de que também nós, os professores, os filósofos que habitamos a universidade, sejamos um produto das lógicas escolares e escolarizadoras. Segregamos pensamento estúpido quando o que pensa em nós é nosso conformismo com essas lógicas, nosso afã de segurança, nossa necessidade de ordem, nosso desejo de obedecer. Por isso, desescolarizar as palavras e desalunizar os alunos é, de modo indissolúvel, nos desprofessorizarmos como professores. A luta contra a estupidez e o emburrecimento é, fundamentalmente, a luta contra nós mesmos. E isso é algo que Jacotot também sabia quando insistia em que não pode haver profissionais, nem técnicos, nem *experts* da emancipação, que somente os indivíduos emancipados podem emancipar outros, que só os que lutam contra seu próprio emburrecimento podem fazer algo contra o emburrecimento dos demais.

Comentando Deleuze, Foucault também manifestou bem claramente: às vezes nos comportamos como sábios-estúpidos cuja estupidez consiste, precisamente, em se refugiar em regras de pensamento que, dizendo-nos em voz alta como devemos pensar, nos sussurram em voz baixa que somos inteligentes, nos seduzem garantindo-nos que a estupidez não tem nada a ver conosco. Em suas próprias palavras:

> [...] todos nós somos sensatos; cada qual pode se equivocar, mas nenhum é bobo (naturalmente, nenhum de nós); sem boa vontade não há pensamento; todo problema verdadeiro deve ter uma solução, pois estamos na escola de um mestre que não interroga mais do que a partir de respostas já escritas em seu caderno; o mundo é nossa classe. Ínfimas crenças... De todo modo, e daí?, a tirania de uma boa vontade, a obrigação de pensar em comum com outros, a dominação do modelo pedagógico e, sobretudo, a exclusão da idiotice, formam toda uma desprezível

Fim de partida

moral do pensamento cujo papel em nossa sociedade sem dúvida seria fácil de decifrar. É preciso que nos liberemos dela.

E, um pouco mais adiante,

> [...] em última instância, pensar seria contemplar de perto, com extrema atenção, e inclusive até se perder nela, a estupidez [...]. O filósofo deve estar de bastante mau humor para permanecer em frente da estupidez, para contemplá-la sem gesticular até a estupefação, para se aproximar dela e mimá-la, para deixar que suba lentamente sobre alguém e esperar, no fim nunca fixado dessa cuidadosa preparação, o choque da diferença.[14]

9.

Para nós, a abolição da filosofia na universidade que vem e, em particular, na Faculdade de Educação, não significa o desaparecimento de um tipo especial de saber. Já disse que isso não nos importa muito. De fato, os filósofos universitários (os que se reconhecem porque sabem filosofia) já estão assegurando um lugar para si próprios na universidade que vem. Já não como aspirantes a reis, mas sim como modestíssimos funcionários a serviço do que existe. Às vezes, como especialistas na fundamentação ou na crítica das teorias e das práticas educativas, às vezes como especialistas na aplicação de saberes gerais a problemas teóricos e práticos específicos (o que se vem chamando de filosofia aplicada) e, às vezes, como especialistas na implementação de determinadas competências reflexivas mais ou menos úteis para a tomada de decisões profissionais. Mas nós não cremos nas funções arquitetônicas ou jurídicas da filosofia, não nos interessa trabalhar nem na construção, nem nos tribunais, não entendemos bem o que pode ser isso da aplicação de

---

[14] FOUCAULT, M. *Theatrum Philosophicum*. Barcelona: Anagrama, 1972, p. 27-28.

uns discursos a outros discursos, não queremos nos limitar a garantir a comunicação entre as doutrinas do passado e os novos discursos dos gestores da educação nas democracias liberais globalizadas, não cremos que isso de pensar seja uma competência especializada cuja aprendizagem possa ser sequenciada e avaliada, e sobretudo não estamos certos de saber nada especial nem de ser capazes de ensinar nada especial a ninguém em especial. Rancière diz que

> [...] a filosofia não socorre a ninguém e a ninguém pede socorro, inclusive se as regras de conveniência da demanda social tiverem instituído o costume de que os políticos, juristas, médicos ou qualquer outra corporação, quando se reúne para refletir, convidem um filósofo como especialista da reflexão em geral. Mas, para que o convite produza algum efeito de pensamento, é preciso que a reunião encontre seu ponto de desentendimento (mésentante).[15]

Talvez o que estou chamando de pensamento tenha a ver com essa subjetivação azarada constituída a partir de lugares de palavra de que falava Rancière, ou com esse choque da diferença do que falava Foucault, ou com esse ponto de desacordo do qual também falava Rancière, mas, certamente, nada de fundamentação, nem de crítica, nem de aplicação, nem de reflexão, nem de nada que possa ser significativo do ponto de vista das lógicas da universidade que vem. Nossa partida está perdida de antemão e talvez só possamos repetir essa réplica prodigiosa: "Hamm: Não estamos a ponto de... de... significar algo? Clov: Significar? Nós, significar? Essa sim é boa".[16] Todavia, ao mesmo tempo, não podemos abandonar os velhos costumes, as velhas palavras, embora já

---

[15]RANCIÈRE, J. *La Mésentente. Politique et Philosophie*. Paris: Galilée, 1995, p. 12.

[16]BECKETT, S. *Fin de partida*. Barcelona: Institut del Teatre, 1990, p. 82.

não saibamos o que significam, e também sentimos como Hamm quando, quase no final da obra, diz:

> Me sinto muito velho, e muito longe, para poder adquirir novos costumes. Bem, não se acabará nunca, não partirei nunca. Depois, um dia, de repente, se acaba, muda, não entendo, morre, ou sou eu, não entendo, tampouco isso. Se pergunto às palavras que restam... sonho, despertar, tarde, manhã. Não sabem dizer nada.[17]

Talvez se trate disso, de perguntar às palavras que restam, para ver se ainda sabem nos dizer alguma coisa: "Clov: Uso as palavras que me ensinaste. Se não querem dizer nada, ensine-me outras. Ou deixe-me calar".[18]

10.

Também poderíamos chamar de filosofia a uma determinada tradição de leitura e de escrita em relação a esse algo indemonstrável que chamamos de "pensar". A filosofia é uma determinada maneira de ler e de escrever: pensativamente. Ler, escrever e pensar não podem acontecer separadamente. Lê-se escrevendo, com um lápis na mão. Escreve-se lendo, sobre uma mesa cheia de livros. E entre ler e escrever, às vezes, acontece algo, acontece algo conosco. Talvez isso que chamamos de "pensar" seja a experiência desse "entre". A filosofia existe porque se escreve, porque se lê, e porque lendo e escrevendo, entre o ler e o escrever, acontece algo que tem a ver com a subjetivação, com o choque da diferença, com o ponto de desacordo, quer dizer, talvez, se pensa.

A filosofia existe porque se lê, porque se escreve e (também) porque se ensina. Como um conteúdo, naturalmente, como um *corpus*, como uma biblioteca, porque a filosofia é

---

[17]BECKETT, 1990, p. 83.
[18]BECKETT, 1990, p. 57.

uma parte de nossa biblioteca, porém sobretudo como uma práxis, como uma atividade. É conhecido o *dictum* kantiano: "não se ensina filosofia, ensina-se a filosofar". E justamente no momento da institucionalização moderna do bacharelado de letras e da filosofia universitária, da filosofia dos professores, já Nietzsche, em *El porvenir de nuestras escuelas*, denunciava os dois tipos de leitura e escritura escolares (escolarizados e escolarizantes) que cancelavam a possibilidade nunca garantida do pensamento: a erudita e a jornalística, a que pretende produzir um saber do texto ou sobre o texto, e a que toma o texto como um pretexto para a opinião. O erudito e o jornalista como inimigos do pensamento. Porque pensar, seja o que for, não é o mesmo que "saber" nem o mesmo que "opinar". Ensinar a filosofar significa então (também) dar um lugar para a leitura e para a escrita, dar a ler, fazer escrever, dar vontade de ler e de escrever, ensinar a ler e a escrever da única maneira possível: lendo e escrevendo. E o pensamento? Isso é o que não pode, propriamente, ser ensinado e, ao mesmo tempo o que está sempre aí, o que não se pode deixar de aprender quando se lê e se escreve "de verdade", o que não se pode deixar de ensinar quando se ensina de verdade a ler e a escrever, quando entre ler e escrever acontece algo conosco, quando ler e escrever é uma experiência, quando a relação com o texto não está referida ao saber (tampouco à fundamentação do saber), nem ao opinar (tampouco ao opinar criticamente), nem à aplicação prática, nem à reflexão sobre a prática ou na prática, e sim, talvez, ao pensar.

A filosofia é (também) inseparável do diálogo, da forma de diálogo que, como se sabe, aparece em Platão como uma forma escrita. Assim, enquanto escritura, o diálogo pode transcender o tempo e o espaço (o aqui e o agora) e se tornar de alguma maneira independente de rostos, de nomes, de corpos e de vozes. Porém isso não quer dizer que a oralidade, o diálogo oral, o que poderíamos chamar "conversação",

Fim de partida

não seja uma das formas fundamentais do trabalho filosófico, pensante, com a leitura e a escrita. A filosofia é ler e escrever, mas também é conversar. Um conversar orientado, talvez, ao pensamento. A filosofia, portanto, é leitura e escritura (e essa relação entre leitura e escritura na qual se dá, talvez, o pensamento), é ensinamento e aprendizagem (e essa relação entre o ensinamento e a aprendizagem na qual se dá, talvez, o pensamento) e é conversação, ou seja, um ler e escrever, um ensinar e aprender que acontece conversando. Colocando em comum (com outros: com a leitura, a escrita e o pensamento dos outros) o que cada um lê, o que cada um escreve e o que cada um pensa.[19] Sabendo, sem dúvida, que esse colocar em comum não está do lado do acordo e sim do desacordo, não do consenso e sim do dissenso, não da homogeneidade e sim da diferença. O pensamento, seja o que for, é estritamente singular. Por isso a conversação filosófica (pensante) não agrupa, nem reúne, nem agrega, e a única coisa que coloca em comum, a única coisa que comunica, é a força multiplicadora e diferenciadora da linguagem e do pensamento. O mestre ignorante também sabe que "os homens estão unidos porque são homens, ou seja, seres distantes: a língua não os reúne".[20]

Por último, a filosofia é (também) um *éthos*, uma forma de vida ou, melhor dizendo, um modo de subjetivação. A filosofia não é (só) um saber teórico que afeta apenas o que sabemos sobre nós mesmos ou sobre o mundo, ao contrário, tem a ver com o modo como vivemos no mundo. Foucault, numa expressão célebre, dizia que a filosofia é (também) "um exercício de si no pensamento".[21] A leitura, a escrita e

---

[19]LARROSA, J. El arte de la conversación. In: LARROSA, J.; SKLIAR, C. (Eds.). *Entre Pedagogía y Literatura*. Buenos Aires: Miño y Dávila. 2005.

[20]RANCIÈRE, J. *El maestro ignorante. Cinco lecciones sobre la emancipación intelectual*. Barcelona: Laertes, 2003b, p. 79.

[21]FOUCAULT, M. *Historia de la sexualidad. 2 El uso de los placeres*. Madrid: Siglo XXI, 1986, p. 12.

a conversação filosófica (pensante) estão relacionadas com determinadas formas de produzir subjetividade, formas de viver, potência de vida.

11.

Ao ler, o importante não é o que o texto diz, aquilo a que o texto se refere, e sim o que o texto nos diz, aquilo para onde o texto se dirige. Não se trata de revelar um saber sobre o texto, mas sim de fazer a experiência do texto. O importante não é do que fala o texto, mas para que fala, para onde fala, para que pessoa ou pessoas fala. Na leitura, o texto fala para nós, nos fala: fala para nossa escrita, para nossa conversação, para nosso pensamento, para nossa maneira de viver. Trata-se, nas palavras de Rancière, "de projetar o livro para um real que não é esse que o livro conta, mas sim esse em que ele deve se converter em um ato, em uma potência de vida", e um pouco mais adiante,

> [...] da maneira como um texto dá a si mesmo o corpo de sua encarnação para escapar do destino de letra abandonada no mundo, para mimar seu movimento próprio entre o lugar de pensamento, de espírito, de vida de onde vem e aquele para o qual se dirige; esse teatro humano em que a palavra se torna ato, se apropria das almas, arrasta os corpos e imprime ritmo a sua marcha.[22]

12.

Poder-se-ia reformular a questão da seguinte maneira: tem sentido, aqui e agora, neste lugar (uma Faculdade de Educação) e neste tempo (quando o curso ordinário das coisas é o do triunfo sem alternativas de uma universidade mercantilizada), voltar a se perguntar pela leitura, pela escritura

---

[22]RANCIÈRE, 1998b, p. 10-11.

e pela conversação? Uma pergunta que não se refere ao *para que* ou ao *como* dessas atividades (o que seria dirigi-la às finalidades e aos métodos, ou seja, subordiná-la à racionalidade instrumental), mas sim ao seu *sentido filosófico*, quer dizer, ao modo como essas atividades produzem talvez pensamento. Trata-se de explorar se isso que ainda estou chamando de filosofia e que já não é outra coisa senão a colocação em prática de determinadas formas (pensativas) de ler, de escrever e de conversar, pode abrir na universidade uma experiência da linguagem e do mundo em que seja possível algo assim como o pensamento. Trata-se, definitivamente, de "provar de novo todos os verbos"[23]: de provar seu valor e seu sentido filosófico, sua potência de vida, de experimentar, outra vez, aqui e agora, nesta universidade que está surgindo, o que sabemos e o que sonhamos a respeito de ler, de escrever e de conversar.

Mas o que acontece, o que acontece?

13.

No dia em que escrevo isto (24 de novembro de 2008), os estudantes (dizem que muito poucos) estão há vários dias ocupando alguns edifícios da Universidade. Protestam pelo modo como estão sendo aplicados os acordos de Bolonha. O que querem é deter o processo, fazer-se ouvir pelas autoridades e impor procedimentos de discussão que conduzam a um referendo vinculativo. Na imprensa e na televisão, todos os analistas estão de acordo: não sabem do que falam, não falam em nome de ninguém e, certamente, essas não são maneiras de falar. Para falar, para que suas palavras possam ser levadas em consideração, dizem, teriam que se informar melhor. Se lhes fazem perguntas, vê-se logo que são uns ignorantes.

---

[23]HANDKE, P. *À ma fenêtre le matin. Carnets du rocher 1982-1987.* Paris: Verdier, 2006, p. 20.

Além do mais, não se dão conta de que as reformas também são feitas em nome de seus interesses: da ampliação de suas oportunidades profissionais em uma Europa globalizada, do valor de suas titulações em um mercado internacional cada vez mais competitivo. Os estudantes sensatos, os que, efetivamente, falam, em nome de seus interesses, sabem que as reformas só podem beneficiá-los. E em qualquer caso, em lugar de interromper a normalidade acadêmica, deveriam utilizar os canais de participação previstos nas diferentes instâncias da instituição que, sem dúvida, são democráticas. A seguir, em tom irônico, alguns argumentos (se é que se pode chamar a isso de argumentos) ainda mais estúpidos: o que acontece é que a idade que os leva a ser contra, que o que querem é não se esforçar, que não vivem no mundo real, que entre os estudantes de verdade (uns iludidos) se infiltraram grupos antissistema, que os estudantes sanciona-dos não o foram por motivos políticos e sim, simplesmente, por vandalismo, etc. E uma pérola: a máxima autoridade universitária da Catalunha, o Conselheiro de Indústria e Comércio, Turismo e Universidades do governo, disse hoje, enfaticamente, que a universidade existe "para servir à so-ciedade e não para filosofar", e acrescentou "com todos os meus respeitos à filosofia". E certamente, de acordo com a curiosa denominação de seu ministério, isso de "servir à sociedade" significa, para nosso governante, servir à indús-tria, ao comércio, ao turismo e, naturalmente, ao governo.

A estratégia é bem conhecida: a única coisa que se ouve no que os estudantes dizem é que, na realidade, não falam. Por isso não podem nem devem ser escutados, porque o que dizem não é linguagem, mas sim ruído. E se é preciso falar com eles é para que aprendam o que não sabem, para que compreendam o que não compreendem ou o que não querem compreender, para que sejam chamados à razão, para que possam participar no debate como seres razoáveis.

Outra vez, novamente, um episódio onde o que está em questão é a situação de própria palavra, a oposição entre os que realmente falam (os que sabem do que falam, os que sabem em nome do que ou de quem falam, e os que sabem como se fala) e aqueles cuja voz diz unicamente que, na realidade, não falam. O conflito se refere, outra vez, a como *se leva em conta* o que os estudantes dizem, ao que é *o que conta* como "dizer alguma coisa", ao que é o que vem e o que não vem *ao caso*, definitivamente, ao que significa falar. Porque somente os que sabem o que significa falar, ou seja, os que definem as regras e os limites da situação de palavra, podem decidir quem fala realmente. E decidir, portanto, quem são os que não falam, quer dizer, *os que não contam*. Como disse Rancière: "o logos não é nunca simplesmente a palavra, porque é sempre indissoluvelmente a ponderação que se faz dessa palavra: a ponderação segundo a qual uma emissão sonora é entendida como palavra, apta para enunciar o justo, enquanto que outra é percebida unicamente como ruído".[24]

14.

O desenho da universidade que está vindo se baseia na intervenção sobre dois aspectos fundamentais. Em primeiro lugar, sobre a conexão entre a universidade e as assim chamadas "necessidades sociais", isso que na antiga linguagem marxista se chamava o estado e o capital. No campo educativo (que já não se reduz ao campo escolar) isso significa submeter a formação dos profissionais de educação às novas lógicas (os novos temas e os novos problemas) do que poderíamos chamar, seguindo Foucault, a governamentalidade e a biopolítica, ou seja, a gestão dos indivíduos e das populações em uma sociedade complexa e global. O segundo aspecto tem relação com uma mudança em profundidade das formas,

---

[24]RANCIÈRE, 1995, p. 44-45.

dos procedimentos, dos modos de fazer, dos usos, das práticas e dos rituais que definem a cotidianidade universitária: novas maneiras de entender o ensino e a aprendizagem, a relação com o saber, a organização do tempo e do espaço, a definição do que conta como atividade, a avaliação dos alunos, o credenciamento dos professores, a produção e a comunicação do que conta como conhecimento legítimo, etc. E isso de um modo que tende a reduzir ao mínimo o que nosso improbo funcionário chamava de "filosofar", um verbo com o qual certamente se referia ao falar por falar, a qualquer uso público da palavra que possa ser percebido como inútil, gratuito, improdutivo ou não funcional. O que temos é uma tentativa de fazer com que as lógicas de funcionamento interno da universidade sejam estritamente funcionais às lógicas econômicas do capital e às lógicas governamentais do estado ou, em outras palavras, o cancelamento do que Rancière chama de "a heterogeneidade das formas", ou seja, a diferença entre a forma escolar (ambígua, aberta a uma multiplicidade de opções e de sentidos) e as formas estritamente funcionais da produção e do governo. Uma heterogeneidade ou uma "não convergência" que constitui, por si mesma, "uma contradição em movimento na qual vêm a se sobrepor diversas políticas da igualdade".[25]

Em um texto escrito a partir de uns debates sobre a universidade que está vindo, Jordi Ibáñez diz que "os velhos fantasmas da preguiça e do dandismo que conspiravam pelos corredores das universidades se substituem por dois espectros, no meu entender, muito piores, o cinismo e o oportunismo".[26] E é verdade que somos chamados de dândis

---

[25]RANCIÈRE, J. *Aux bords du politique*. Paris: La fabrique éditions, 1998a, p. 74.

[26]IBÁÑEZ, J. No hablar más en clase. In: CATELLI, N.; LARROSA, J. (Eds.). *Liquidación por derribo*. Barcelona: Arcadia, 2008, p. 32.

Fim de partida

e preguiçosos. Mas o assim chamado dandismo talvez não seja outra coisa que o modo como a universidade de ontem ainda podia ser "a herdeira paradoxal da *skholè* aristocrática. E isso quer dizer que iguala os que acolhe, menos pela universalidade do saber que distribui ou por seus efeitos de redistribuição social do que por sua própria forma, que é a da separação a respeito da vida produtiva".[27] E a assim chamada preguiça talvez tenha a ver com certa resistência a configurar o que fazemos ao modo do trabalho ou ao modo da mercadoria, ou seja, também segundo uma lógica produtiva. Acabar com os dândis e com os preguiçosos significa acabar com essa heterogeneidade das formas nas quais ainda podiam se inserir algumas políticas da igualdade.

15.
Dizem que a universidade tem uma função social. E certamente têm razão. Para isso existem as reformas que orientam os estudos universitários funcionalmente, que dizer, para a profissionalização, para a produção de conhecimento útil, para os objetivos, em suma, do governo e da economia. Dizem que a universidade é uma instituição para o ensino e a aprendizagem. E certamente têm razão. Para isso existem os pedagogos, os especialistas na escolarização do saber, os que inventam e implantam os novos procedimentos, as novas formas de ensinar e de aprender, de avaliar, de iniciar os estudantes no conhecimento e na investigação especializada. E com o pensamento? Poderíamos dizer que a universidade tem alguma função em relação ao pensamento? A verdade é que não acredito. Não acredito que o pensamento possa ser um objetivo institucional, nem que se aprenda nas instituições de educação superior, nem que os graduados na universidade tenham mais desenvolvida essa misteriosa capacidade,

---

[27]RANCIÈRE, 1998a, p. 74.

se é que se trata de uma capacidade, que se chama pensar. Isso que estou chamando de pensamento tem a forma do acontecimento, do talvez, e sua possibilidade depende da iniciativa, da invenção e do risco dos que, em qualquer lugar e em qualquer circunstância, se atrevem a ir contra o curso ordinário das coisas. E na universidade essa possibilidade nunca garantida depende de nossa capacidade, individual ou coletiva, de abrir um espaço heterogêneo (heterológico) tanto das lógicas da funcionalidade social quanto das lógicas do emburrecimento escolar.

16.

Mas o que acontece é que muita gente a está abandonando. Não só me sinto triste, impotente, cansado e vencido. Hoje, 27 de novembro, falo com uma amiga poeta, ex-professora de filosofia, que deixou de frequentar os espaços universitários, que já não vai a congressos, nem toma parte de bancas de teses, nem aceita publicar em livros e em revistas de tipo acadêmico. Conto-lhe o que estou tratando de escrever, e ela me diz que ando muito enganado, que a universidade já se tornou definitivamente inabitável. Algo que me disseram, nos últimos meses, muitos amigos, alunos e professores, que estão buscando outros espaços nos quais ler, escrever e conversar tenham sentido. Recordo o gesto de outros amigos aos quais uma vez chamei de o filósofo e o artista: "trata-se de sair daí, se o que você quer é desescolarizar tem que sair da escola". Recordo a expressão de outro amigo, antropólogo e ativista, que um dia me disse:

> [...] é preciso trabalhar na universidade, mas contra a universidade, converter-se em agentes duplos e sobretudo cultivar espaços fora, transitar entre o afora e o adentro, introduzir na universidade o que não é universidade, o que é heterogêneo a suas lógicas, e tirar da universidade

as pessoas e os saberes, fazer com eles outras coisas, em outros lugares, de outras maneiras.

Mas eu já não me sinto um lutador, talvez tenha perdido a capacidade de invenção, de iniciativa e de risco, e o que me vem quando penso na universidade que surge é o *"não se pode"*. E então, me aparece o fantasma do louco e me sussurra ao ouvido: tua impotência é só preguiça para avançar. Tua humildade é tão somente temor orgulhoso a tropeçar sob o olhar dos outros. Tropeçar não é nada; o mal está em divagar, em sair do próprio rumo, em já não prestar atenção ao que se diz, em esquecer o que se é. Vá então por teu caminho".[28]

Então trato de recordar o que sou, qual é ou foi o meu caminho, em que e de que maneira fui, eu também, um buscador, e me ocorre que o que sou é um professor cada vez mais velho, mais triste e mais cansado, que passou a vida pensando em outras formas de entender a leitura, a escrita e a conversação, e tratando de levar a sério a potência de certas linguagens e sobretudo de certas formas de relação com a linguagem para ampliar as formas de experiência, para modificar as relações com o mundo, com os outros e com nós mesmos, para alcançar, ainda que por um momento, outros umbrais de consciência, para impulsionar a vida. E me vem, então, o eco longíssimo de uma conversa que tinha quase esquecido. Há muitos anos, quando era um jovem professor, em minha primeira viagem à América Latina, à Colômbia, dediquei parte de uma conferência a criticar alguns lugares comuns da *doxa* da pedagogia de Paulo Freire. Eu era então um foucaultiano de carteirinha e o núcleo de meu argumento era que o que Paulo Freire dizia que se podia fazer na realidade não se podia fazer, que a educação não podia ser uma ferramenta de emancipação. E então, um velho pedagogo dos

---

[28]RANCIÈRE, 2003b, p. 78.

bairros pobres me olhou e me disse: "O professor espanhol diz que não se pode fazer, e certamente tem razão, porque os europeus sempre têm razão. Todos os seus argumentos dizem que não se pode fazer e já sabemos que os europeus têm os melhores argumentos. Mas, talvez, nós vamos e podemos e o fazemos". Agora não sei se se pode fazer, mas o que, sem dúvida, sei é que às vezes acontece. Meus anos na universidade foram testemunhas de algumas dessas vezes. Trata-se, então, de prestar atenção a isso que às vezes acontece, estar à altura e dar-lhe tempo e espaço. Como diz Ítalo Calvino pela boca desse buscador chamado Marco Polo:

> O inferno dos vivos não é algo que será; existe um, é aquele que já está aqui, o inferno no qual habitamos todos os dias, o que formamos estando juntos. Há duas maneiras de não sofrer. A primeira é fácil para a maioria das pessoas: aceitar o inferno e tornar-se parte dele até o ponto de não mais percebê-lo. A segunda é perigosa e exige atenção e aprendizagem contínuas: procurar e saber reconhecer quem e o que, no meio do inferno, não é inferno, e preservá-lo e abrir-lhe espaço.[29]

17.

Hoje, 30 de novembro, caminhando por um bosque tingido de outono, uma amiga me conta que está preparando um trabalho para uma das disciplinas que está cursando na Faculdade. Diz-me que está trabalhando em diferentes formas de relação e que ela quer falar de sua relação com a poesia. Não só de sua relação com esse tipo particular de linguagem que chamamos de poesia, mas sobretudo do modo como a poesia supõe uma relação distinta com o mundo. O que interessa a ela, me diz, é a poesia como relação com a linguagem e, em consequência, como relação com o mundo.

---

[29]CALVINO, I. *Las ciudades invisibles*. Barcelona: Edhasa, 1983, p. 175.

Papeamos um pouco e eu lhe sugiro algumas leituras. Depois falamos do verso de Hölderlin comentado por Heidegger, esse que diz "poeticamente habita o homem nesta terra" e o reviramos para descobrir o que pode ser "viver poeticamente", se a poesia como relação com a linguagem e com o mundo pode constituir algo assim como uma forma de vida. Num momento da conversa, ela me diz que no ano que líamos em classe *O mestre ignorante* ficou interessada especialmente pela seção chamada "A lição dos poetas". E que pensou que uma comunidade de iguais só podia ser pensada como uma comunidade de poetas. Digo a ela que estou escrevendo sobre Rancière e que me dá a impressão de que o que estou tratando de sugerir em meu texto é de que maneira uma comunidade de filósofos pode ser entendida também como uma comunidade de iguais. Mas não tanto uma comunidade de especialistas ou de interessados em uma disciplina chamada filosofia, e sim uma comunidade dedicada a ler, a escrever e a conversar de uma maneira que esteja orientada ao pensamento. Ela me diz que ambos os tipos de comunidade não são a mesma coisa, mas que são, de alguma maneira, iguais, dependendo de como se olhe. Acrescenta que, na minha aula, líamos indistintamente textos "filosóficos" e textos "literários", mas que para ela parecia que isso era filosofia porque os líamos, uns e outros, para pensar, e me conta que o que está preparando para essa exposição é algo assim como uma poética da infância (para contrapô-la ao olhar pedagógico) na qual vai ler e comentar textos de Fernando Pessoa e de outros poetas, mas também de Walter Benjamin, de Dominique Sampiero, e que talvez inclua um fragmento de um filme. Ela trabalha em educação infantil, com crianças muito pequenas, e me fala de como esses escritos determinam, a cada dia, seu modo de sentir as crianças e de se relacionar com elas, seu modo, definitivamente, de viver o encontro diário com a infância. Lembro-me, então, de um velho texto meu chamado "O enigma da infância" e da citação de Peter Handke com que termina: "nada daquilo que está citando continuamente a infância é verdade, só o é aquilo que, reencontrando-a, conta-a".[30] E digo a ela que talvez seja essa a lição dos poetas: que não se trata de falar sobre a infância, mas sim de contar, de colocar em palavras, a experiência de um encontro, ou um reencontro, com a infância. E que, quando esse reencontro tem a forma do pensamento, ou seja, quando o encontro com a infância nos faz pensar e traduzimos esse pensamento em palavras, então talvez o que fazemos é filosofia, ainda que não saibamos disso. Ou seja, que, sem dúvida, não é o mesmo, mas é igual.

18.
São conhecidas as três palavras da proclamação revolucionária: liberdade, igualdade, fraternidade. A revolução declara: todos os seres humanos *são* livres, *são* iguais, *são* irmãos. E declarando, a revolução *produz* aquilo que declara. Por isso, a revolução não é outra coisa que o *acontecimento* da liberdade, da igualdade, da fraternidade, e o que os seres humanos fazem *assumindo* essa igualdade, essa liberdade e essa fraternidade que os *constitui* como tais. O mestre ignorante formula pedagogicamente essas condições revolucionárias e extrai todas as consequências que derivam daí. E faz isso declarando que a educação tem a ver com a igualdade (todas as inteligências são iguais, quer dizer, a educação é o que acontece quando o que se pressupõe, o que acontece, o que se verifica, o que se coloca em jogo, o que se prova, é a igualdade das inteligências), com a liberdade (pode-se ensinar o que não se sabe, ou seja, a educação não é uma tarefa de homens sábios, mas sim de homens emancipados,

---

[30]LARROSA, J. El enigma de la infancia o lo que va de lo imposible a lo verdadero. In: *Pedagogía Profana. Estudios sobre lenguaje, subjetividad y formación*. Buenos Aires: Novedades Educativas, 2001, p. 178.

Fim de partida

não consiste na transmissão de um saber desigualmente repartido e sim na produção e na verificação de uma potência igualmente compartilhada) e com a fraternidade (a educação consiste em por em prática determinado tipo de comunidade, determinado tipo de relação, determinada maneira de estar juntos, que não se fundamenta em outra coisa senão nessas formas particulares de linguagem que os seres humanos compartilham quando atualizam sua igualdade e sua liberdade). Assim, tanto a hipótese de igualdade quanto a de liberdade se sustentam (se atualizam e se verificam) em uma determinada maneira de entender a comunidade, a relação, o estar juntos e o fazer as coisas juntos, o comunicar e o pôr em comum a condição compartilhada de seres livres e iguais.

Aí está, então, a aposta: quais seriam as condições de possibilidade (de invenção, de iniciativa e de risco) para que a leitura, a escrita e a conversação possam ser compartilhadas no interior de um espaço de comunicação que declara e ao mesmo tempo produz a igualdade e a liberdade, ou seja, um espaço de palavra no qual o que se diz é que todas as inteligências são iguais e que se pode ensinar o que não se sabe. Um espaço que não pode ser institucionalizado, nem programado, nem fabricado, mas que se constitui repetidamente. Um espaço político, se por político entendemos

> [...] uma forma dissensual do agir humano, uma exceção das regras segundo as quais se opera o agrupamento e o governo dos seres humanos [...], essas formas de subjetivação específicas que, de quando em quando, fazem existir, por cima das leis da dominação e das regulações das coletividades, essa figura singular do agir humano: a política como a nova figuração dissensual da partição do sensível pela qual a dominação impõe a evidência sensível de sua legitimidade.[31]

---

[31]RANCIÈRE, 1998a, p. 12-13.

E um espaço de emancipação porque aí a única coisa que se aprende é a própria potência: que se pode ler por si mesmo, escrever por si mesmo, pensar por si mesmo, e conversar com outros sobre o que se lê, o que se escreve e o que se pensa.

19.

Não é que tenha me tornado revolucionário a essa altura... essa seria realmente boa. Não me esqueci de que este texto se intitula "fim de partida", que tem um tom mais elegíaco do que épico, e que estou tratando de evitar, desde o princípio, qualquer dramatismo e qualquer grandiloquência. Coloquei-me à sombra de Hamm e Clov, e eles são personagens decadentes, criaturas de linguagem debilitadas, a muito pouco, a quase nada. Seu espaço de movimento está extremamente reduzido. Não têm ideias nem ideais, nada que propor e nada pelo que lutar. São como nós na universidade que vem, seres sem mundo, ou quase sem mundo. Quando Clov olha pela janela e Hamm lhe pergunta o que acontece, a única resposta é: algo segue seu curso. Algo, além do mais, distante e alheio. Porém, ainda assim continuam falando, nesse interior sem móveis, como se só a entrada em cena de seus diálogos absurdos e entrecortados lhes pudesse dar uma mínima sensação de existir. Esse, e não outro, é o tom que soa como baixo contínuo nesse texto.

O mestre ignorante havia vivido a experiência revolucionária e extraiu suas lições, porém, sabia que a boa nova que anunciava não tinha nenhuma possibilidade no mundo que estavam desenhando os homens de progresso de seu tempo. Da mesma forma que sabemos que, digamos o que digamos, façamos o que façamos, estamos acabados, que não temos nada o que fazer, que os homens de progresso de nosso tempo são os que estão desenhando essa universidade que vem na qual não quase não temos lugar. Por isso o louco insistia em que só se dirigia a indivíduos, que só os indivíduos podiam experimentar com outros a igualdade e a liberdade, que só um indivíduo emancipado pode emancipar outro, "que nunca nenhum partido nem nenhum governo, nenhum exército, nenhuma escola nem nenhuma instituição emancipará pessoa alguma",[32] que não pode haver estados nem sociedades nem instituições emancipadas, que a igualdade e a liberdade só podem acontecer entre sujeitos singulares e em espaços e tempos também singulares, que a verificação com outros da igualdade e da liberdade será sempre uma forma dissensual e efêmera do agir humano, que "só o que abandona os mecanismos da máquina social tem a oportunidade de fazer circular a energia elétrica da emancipação".[33] Sua moral era a "do fracasso e da distância", mas estava disposto a "mantê-la até o fim com todo aquele que quisesse compartilhá-lo".[34] Além do mais, sabe-se que o ensino universal não sobreviveu a ele. Jacotot a encarnou por um momento, e agora ela só pode sobreviver encarnada em outros indivíduos, em outras circunstâncias e de outras maneiras, também singulares e efêmeras.

Por isso, este texto não pode ser uma proposta. Não é outra coisa senão a tradução de minha conversa com o fantasma do louco: um dos diálogos possíveis entre o mestre ignorante e minhas próprias perplexidades no que sinto claramente como um final de partida. O que eu vejo e o que eu penso. Minha maneira particular de friccionar trabalhosamente as palavras e as coisas: o que leio com o que sinto, com o que vejo, com o que escrevo, com o que me acontece, com o que penso. E cada um saberá como contratraduzi-lo: a sua linguagem, as suas circunstâncias, as suas perplexidades, as suas formas de jogar ou não jogar a partida da filosofia e da educação (do ler, do escrever e do conversar) na universidade que vem.

---

[32]RANCIÈRE, 2003b, p. 132.

[33]RANCIÈRE, 2003b, p. 140.

[34] RANCIÈRE, 2003b, p. 177.

20.

Hoje, 2 de dezembro, recebi um postal que os estudantes trancados na Faculdade de Educação enviaram a alguns de seus professores. À direita há uma fotografia: um arco de cadeiras vazias. A fotografia foi tirada no *hall* do prédio de aulas de Pedagogia, o espaço que os estudantes que ocupam o edifício estão usando nesses dias para suas assembleias e suas atividades públicas (entre elas, as aulas abertas que alguns professores fazemos para todos que queiram assistir). Decidiram batizá-lo de "sala Paulo Freire". A foto representa esse lugar vazio, interposto, de passagem, esse lugar que não é uma aula, que não está designado a nenhum professor, a nenhum grupo de alunos, a nenhuma disciplina, que não tem nenhuma função definida, mas que os estudantes converteram em um lugar de palavra, disponível para que se sente para falar qualquer um que tenha algo a dizer e para que se sente a escutar qualquer um que esteja interessado no que ali se diz. Trata-se de um espaço onde não existem as posições de professor e de aluno, e que é independente também de qualquer disciplina entendida como um lugar de transmissão do saber. Aqui não se trata do saber, mas sim do falar. De um falar do comum: do que é assunto de todos em geral e de ninguém em particular. E de um falar em comum: ninguém representa nenhuma posição, nenhuma identidade, ninguém está ali em nome de nada.

A invocação que abre o texto do postal é: "bonitos". O postal, portanto, está dirigido aos bonitos, às pessoas bonitas. Não é uma invocação posicional ou identitária, não se dirige a nenhuma categoria particular de pessoas, mas antes é, melhor dizendo, ética e estética, dirigida a todos os que querem se reconhecer nesse "nós" dos bonitos. Essa apelação ecoa estranhamente com um manifesto que colaram nas paredes da sala, um texto publicado por um grupo de universitários reunidos em Córdoba (Argentina) em 1918 que está dirigido "aos homens livres da América Latina". Por outro lado, o postal

Fim de partida

é um convite e uma convocatória. A primeira frase diz assim: "porque não somos a-lumnos (sem luzes, carentes de luz), mas também apreciamos vosso critério, talvez abusando das circunstâncias, e porque pertencemos à mesma comunidade, queremos propor outra coisa". O primeiro gesto é um não: não se apresentar como alunos e não se dirigir aos professores, para poder construir assim um "nós" igualitário: o nós dos que "pertencemos à mesma comunidade", porém, não como desiguais, não em relação a uma diferença no saber ou na capacidade, mas sim como iguais, como "bonitos". "Apreciamos vosso critério", dizem, "queremos propor outra coisa", não pelo que sabeis, não pelo que representais, não pela posição em que estais, mas sim porque vós também tendes critério, também pensais alguma coisa, também tendes algo que dizer. E isso *abusando das circunstâncias*", ou seja, aproveitando a excepcionalidade desta situação na qual apareceu algo comum, um interesse comum, algo em relação ao que pertencemos à mesma comunidade, porém, sobretudo, porque apareceu também, excepcionalmente, um espaço comum, um espaço vazio no qual podemos falar comunicando e pondo em comum o critério de cada um, o que cada um pensa.

O convite é para

> [...] a redação de um texto de formato livre e extensão à vontade no qual se aborde, a partir de um critério pessoal, em que lugar fica a teoria da educação, a poesia, a filosofia, a arte, o pensamento crítico, a antropologia, a educação propriamente dita, a sabedoria, a liberdade, a democracia... nesse modelo social e universitário no qual se priorizam os resultados e não a reflexão.

Os estudantes querem que lhes digamos algo, que lhes escrevamos algo. Querem que isso, além do mais, seja feito a partir de um critério pessoal. O que querem, concretamente, é que problematizemos se ainda resta lugar para certas "coisas" nessa universidade que vem e que, segundo parece, está orientada aos resultados, ou seja, à eficácia, ao rendimento, à utilidade. E o mais interessante é que entre essas "coisas" há alguns saberes dos que agora se chamam "teóricos" e estão sendo claramente relegados nos novos currículos de pedagogia (a filosofia, a teoria da educação, a antropologia), porém também algumas linguagens (a poesia, a arte), algumas formas políticas (a liberdade, a democracia), algumas atitudes de pensamento (o pensamento crítico, a sabedoria) e, como que reunindo tudo, a educação propriamente dita, quer dizer, a que não é o tema ou o conteúdo de uma disciplina sobre educação, ou em relação à educação, e sim a própria educação. Porque a educação "propriamente dita" talvez tenha a ver, exatamente, com esse tipo de saberes, de linguagens, de formas e de atitudes. O que os estudantes nos pedem, definitivamente, é que escrevamos algo sobre o que é a educação. Para que eles o leiam e o discutam e o relacionem com o que eles veem, com o que eles sentem, com o que eles pensam.

O convite dos estudantes desprofessoriza os professores. Não estão nos pedindo que os compreendamos, nem que compartilhemos suas colocações, nem que discutamos com eles. Não nos pedem que lhes ensinemos ou que lhes informemos ou que lhes expliquemos ou que lhes convençamos. Não nos pedem que falemos a partir do saber, a partir de nossa posição na ordem desigual do saber, e sim a partir de nós mesmos, como iguais. Não como idênticos, mas sim como iguais. O que eles pedem é uma palavra de alguém que lhes diga algo. E serão eles os que decidam o que fazer com isso.

21.

Quando um professor fala (enquanto professor) constrói para os alunos uma posição peculiar na linguagem: como os que devem compreender. Os alunos chegarão a saber se compreendem o que lhes dizemos. Portanto, o que nós

Fim de partida

devemos fazer é nos esforçarmos para que nos compreendam (a nós ou, o que dá no mesmo, ao saber que representamos) e o que eles devem fazer é se esforçarem para nos compreender. Rancière desenvolve esse ponto em relação à aprendizagem do escravo no Menón: "o escravo é precisamente o que tem a capacidade de compreender o logos sem ter a capacidade do logos [...], o que participa na comunidade da linguagem unicamente sob a forma da compreensão e não da posse".[35] E o mestre ignorante não parava de combater o modo como a vontade de ser compreendidos e de fazer compreender produz, por si mesma, a submissão ao mestre explicador: "é justamente essa pequena palavra, esse lema dos educadores – compreender – o que produz todo o mal".[36] Porém, se respondemos ao convite dos estudantes, esse que nos desprofessoriza, nossa palavra deve, em contrapartida, desalunizar a eles, ou seja, não falar para eles porque são capazes de compreender (quer dizer, de obedecer) e sim porque são capazes de falar, isto é, porque possuem a capacidade de ver, de sentir, de dizer e de pensar por si mesmos. Ou melhor, porque falamos a mesma língua. Porque a língua que eles e nós falamos é entendimento, naturalmente, porém é, sobretudo, *energia*, potência. E porque talvez eles também tenham algo a nos dizer.

É claro que as gramáticas interrogativas atravessam as práticas educativas. A educação é, entre outras coisas, uma determinada arte de fazer perguntas. Um dispositivo classicamente escolar é o de um texto seguido de umas perguntas (que estabelecem como se deve ler, isto é, o que é preciso fazer com o texto), e um diálogo tipicamente escolar é um debate em torno de alguma pergunta colocada pelo professor. A questão é como se fazem essas perguntas, se são feitas a partir da desigualdade do saber ou a partir da igualdade da

---

[35] RANCIÈRE, 1995, p. 38.

[36] RANCIÈRE, 2003b, p. 17.

159

inteligência, ou seja, a partir da potência comum de ver, de sentir, de falar e de pensar. Conhece-se a resposta do mestre ignorante a certo socratismo escolarizado: "Sócrates pergunta para instruir. Pois bem, quem quer emancipar um homem deve perguntar a ele à maneira dos homens e não à dos sábios, para ser instruído e não para instruir".[37] No dia em que escrevo isto, 8 de dezembro, almocei no restaurante da Faculdade com alguns colegas honestamente comprometidos com um trabalho dialogado com seus alunos. Ao final do almoço, faço a pergunta: "quando vós utilizais o diálogo em vossas aulas, o fazeis para ensinar ou para aprender?" Não chegamos a nenhuma conclusão, mas a conversação é interessante. Os estudantes nos pediram que lhes digamos algo, à maneira dos homens e não à dos sábios. Porém não estou certo de que nós, quando lhes perguntamos, o façamos para aprender, melhor dizendo, como iguais, para que nos digam algo. Ainda que às vezes aconteça.

22.
Há um ano contei a história de Paola lendo em um asilo de mendigos de Bogotá.[38] Hoje, 10 de dezembro, recebi uma carta dela que não posso resistir a transcrever:

> Disseram-me que sou muito jovem e que não tenho um título que certifique que posso ensinar. Eu não ensino nem pretendo me credenciar, mas na cadeia do distrito dizem que é necessário para poder conceder horas de redução de pena a 40 internos com os quais me reúno para ler e fazer exercícios de escrita. Dizem que já não aceitam minha aula junto às demais (padaria, hotelaria, trabalhos manuais, inglês)

---

[37] RANCIÈRE, 2003b, p. 44.

[38] LARROSA, J. Carta a los lectores que van a nacer. *Nexus,* Barcelona, n. 38, 2007.

porque não posso lhes garantir que os internos estão aprendendo algo pelo fato de que escrevam contos e poemas, que não sabem se realmente me prestam atenção ou se consideram a oficina como um lugar de evasão. E eu queria lhes dizer que sim, que claro que se evadem, mas eles (o diretor, o jurista, a assistente social com esse discurso absurdo de tornar produtiva a permanência dos presos na cadeia) creem que perdem o tempo comigo e lhes parece muito suspeito o fato de que cada vez mais pessoas ingressem em minha oficina e saiam da de inglês. E então tenho a sensação de que o que acontece em meu grupo é algo que só nós que estamos aí entendemos, que só adquire valor aí, e que não vale a pena contá-lo. Mas deixe-me contar-lhe, professor Larrosa, pois, quando leio o que você escreve, eu me sinto reconhecida. Numa sexta-feira, por exemplo, às 2 da tarde, 40 presos permanecem atentos à leitura de um conto de fadas de Marina Colasanti. São 10 minutos de um silêncio em que só existe uma jovem tecelã que entrega sua vida a um príncipe feito de fios ambiciosos. Posso explicar a um burocrata o que se sente ao levantar o olhar, saber que se está numa cadeia, e ter a certeza de que nesse momento as mentes de alguns desses presos estão em outro lugar que não é o cárcere? Depois lhes falo dos contos de fadas, de como os escritores expressam o mundo em imagens, e peço a eles que escrevam, e eles sorriem e se põem a escrever sobre o tecer, os tecidos, os tecelões, os príncipes e as princesas. Porém, como explico isso a um burocrata? Mais tarde há os que me dizem, aqui na associação de promoção da leitura em que trabalho, que tenho que saber mais de política, de cidadania, de acesso democrático à cultura da escrita, e essas coisas. E quando me sento com gente de literatura, me dizem que o que conto sobre meu trabalho é pouco acadêmico, que tenho que elaborar isso com outro vocabulário, com outras metodologias. Professor Larrosa, eu leio e estudo, porém, como você diz, não trato de sujeitar as palavras, e sim de colocá-las em movimento, em mim mesma e nos outros. Isso é o que faço na cadeia: levar ali minha leitura e meu estudo para que sejam os outros os que me deem suas palavras e com elas enriquecer minha própria aprendizagem. Não sou pedagoga, não sou acadêmica, não vou à universidade (por ora), mas sei o que faço e sei que você também o sabe.

Interior sem móveis

23.

O espaço da leitura, da escrita e da conversação é um interior. Um espaço dentro de um edifício universitário, de uma Faculdade de Educação neste caso, e um espaço para dentro. Não só um espaço interior, e sim um espaço de interiorização, de subjetivação. Pensar é algo que se faz para dentro, ou que acontece dentro, nessa estranha conversação consigo mesmo que se chamou de psique, alma, consciência ou subjetividade.

É também, em segundo lugar, um espaço vazio, sem móveis, sem marcas posicionais: um espaço que pressupõe a igualdade e que, portanto, não pode estar estruturado segundo a ordem desigual do social ou do institucional, das posições ou das identidades. É um espaço de desidentificação (a identidade não se afirma, ao contrário, se questiona, e isso como condição de possibilidade para a abertura de um processo de subjetivação) e de desposicionamento (é preciso abandonar qualquer posição como condição de possibilidade para a ex-posição). Um espaço para qualquer um e no qual só se está como qualquer um, como uma singularidade qualquer, sem nome próprio e sem nome comum, ou melhor, na distância que cada um mantém com seu nome próprio e com seu nome comum.

Em terceiro lugar, é um espaço separado, desconectado, desligado de qualquer função, de qualquer finalidade: não um espaço funcional, útil, orientado para certos fins e certas finalidades, e sim um espaço vazio, heterogêneo aos outros espaços. É um espaço livre. Porém, ao mesmo tempo, é também um espaço intermediário, de passagem, separado a partir do ponto de vista da função, mas conectado a partir do ponto de vista dos sujeitos e das palavras. Por isso está vinculado a outros espaços de subjetivação e de palavra: aqueles dos quais se vem e aqueles aos quais se vai.

Trata-se de um espaço que não existe e sim que se abre, que não tem outra consistência que a inconsistência sempre efêmera e nunca garantida de seu próprio acontecer, um espaço cuja única forma de existência é a de dar lugar ao que não tem um local concreto, definido, delimitado, determinado: à leitura, à escrita, à conversação. Trata-se, portanto, de um espaço daquilo que não tem local, mas que pode acontecer em qualquer local. Porém, na universidade, ali onde tudo segue seu curso, onde esse espaço é impossível, trata-se de um espaço que tem de ser aberto. Pela iniciativa, pela invenção, e pelo risco.

24.

O que os poetas sabem, diz o mestre ignorante, é que a experiência (o que o poeta vê, o que sente, o que pensa) é comum, mas sua expressão só pode ser feita pelo rodeio da linguagem, ou seja, da arbitrariedade e da diferença, "aventurando (o que se sente, o que se pensa) nesse bosque de signos que, em si mesmos, não querem dizer nada, que não têm com esse pensamento ou com esse sentimento nenhuma correspondência".[39] Os poetas não são os que usam

---

[39] RANCIÈRE, 2003b, p. 91.

a língua para explicar ou informar (esses são os gramáticos, diz Jacotot, os que sabem e por isso não procuram), nem os que a usam para opinar ou para persuadir (os oradores). Em termos de Nietzsche, não nos servem nem os eruditos, nem os jornalistas. Tanto os explicadores quanto os doutrinadores, os que dão lições, falam a partir da desigualdade. Porém também há os que usam a linguagem para dizer algo a alguém, os poetas,

> [...] aqueles que trabalharam sobre esta divergência entre o sentimento e a expressão, entre a língua muda da emoção e a arbitrariedade da linguagem, os que tentam fazer entender o diálogo mudo da alma com ela mesma, os que comprometem toda a credibilidade de sua palavra na aposta da igualdade dos espíritos.[40]

Os poetas são os que se aventuram a dizer (a traduzir em palavras arbitrárias, incontroláveis, atravessadas pela pluralidade) o que veem, o que sentem e o que pensam. E os que dirigem sua palavra a outros, não a partir da desigualdade, não como alunos, não porque necessitam que se lhes explique, ou que se lhes informe, ou que se lhes persuada, ou que se lhes instrua, e sim a partir da igualdade, como homens, porque eles também são capazes de ver, de sentir, de pensar e de dizer por si mesmos, isto é, porque são capazes de contratraduzir. O poeta

> [...] sabe que todo o poder do poema se concentra em dois atos: a tradução e a contratradução. Sabe que o poema, em certo sentido, é sempre a ausência de outro poema: esse poema mudo que improvisa a ternura de uma mãe ou a fúria de uma amante [...]. Para o resto está subordinado à contratradução que fará o ouvinte. É essa contratradução a que produzirá a emoção do poema; é essa "esfera da proliferação das ideias" a que reanimará as palavras. Todo o esforço,

---

[40] RANCIÈRE, 2003b, p. 92.

todo o trabalho do poeta consiste em suscitar essa aura ao redor de cada palavra e de cada expressão.[41]

Também Octavio Paz sabia que o leitor de poesia é igualmente poeta: "Cada poesia é uma leitura da realidade, e toda leitura de um poema é uma tradução que transforma a poesia do poeta na poesia do leitor".[42] E talvez o que Rancière chamava aqui de "aura" não seja outra coisa que essa potência que algumas palavras têm para se transformar em outras palavras. A criação (dizer algo, traduzir o que se vê, o que se sente, o que se pensa) é, na realidade, metamorfose (potência de ser entendido, vontade de contratradução):

> [...] os pensamentos voam de um espírito a outro sobre a asa da palavra. Cada expressão é enviada com a intenção de levar um único pensamento, mas às escondidas do que fala e a seu contragosto, essa palavra, essa expressão, essa larva, é fecundada pela vontade do ouvinte; e a representante de uma mônada se converte no centro de uma esfera de ideias que proliferam em todos os sentidos, de tal modo que o falante, além do que quis dizer, disse realmente uma infinidade de outras coisas; formou o corpo de uma ideia com tinta, e esta matéria destinada a envolver misteriosamente um único ser imaterial contém realmente um mundo.[43]

Algo que não sabem os professores (os que informam, os que sabem, os que se dirigem aos alunos, os que explicam, os que querem ser compreendidos ou fazer compreender, os que confundem), nem os jornalistas (os que opinam, os que convencem, os que persuadem, os que se dirigem ao público, à opinião do público, os que fabricam opinião pública), porém

---

[41] RANCIÈRE, 2003b, p. 93.

[42] PAZ, O. *Traducción, literatura y literalidad*. Barcelona: Tusquets, 1971, p. 8.

[43] RANCIÈRE, 2003b, p. 85-86.

que, sem dúvida, sabem os poetas. Por exemplo, Antonio Porchia: "o que dizem as palavras não dura, duram as palavras, porque as palavras são sempre as mesmas, e o que dizem não é nunca o mesmo".[44] Ou Alejandra Pizarnik: "as palavras dizem o que dizem, e, além disso, mais e outra coisa".[45] E que também sabem os filósofos quando não falam a partir da verdade ou a partir da razão (a partir do ter razão), e sim a partir do pensamento. Porque a única coisa que o pensamento faz quando se enuncia a partir da igualdade e não a partir da desigualdade é, exatamente, dar a pensar, oferecer-se para ser experimentado no pensamento do outro: "Aplaudo todo ceticismo ao qual me seja permitido contestar: 'Experimentemos!'. Porém, que não me falem de coisas e de questões que não admitem a experimentação. Este é o limite de meu 'sentido da verdade': mais além o valor perdeu seus direitos".[46]

25.

Nesse interior sem móveis nos apresentamos unicamente como seres de palavra: capazes de ler (por nós mesmos, sem mestre explicador), de escrever (por nós mesmos, com nossas próprias palavras), e de conversar (sobre o que lemos, sobre o que escrevemos, sobre o que nos acontece ao ler e ao escrever, sobre o que pensamos). O que compartilhamos é a linguagem, nossa capacidade comum de falar e de entender, de dizer e de deixar-nos dizer. Porém a linguagem é o que nos faz iguais e livres, e também o que nos faz desiguais e submissos. O que há (não na linguagem e sim em nossa relação com a linguagem, em nossa maneira de nos situarmos como seres de palavra em relação a outros seres de palavra) é a igualdade e a desigualdade, a liberdade e a submissão. Por isso, para

---

[44] PORCHIA, A. *Voces reunidas*. México: Unam, 1999, p. 65.

[45] PIZARNIK, A. *Poesía Completa*. Barcelona: Lumen, 2000, p. 283.

[46] NIETZSCHE, F. *La Gaya Ciencia*. Barcelona: Olañeta, 1979, n. 51, p. 56.

Fim de partida

atualizar a igualdade e a liberdade, é preciso interrogar permanentemente nossa relação com a linguagem: não só o que se diz ou como se diz, mas também a situação de palavra em si mesma, o modo como se conta ou se tem em conta o que cada um diz. A linguagem do saber e da transmissão do saber, a linguagem da explicação, a linguagem do compreender e do fazer compreender, nos torna desiguais e, portanto, confunde. Mas também produz desigualdade e confunde a linguagem da persuasão, o que quer convencer, sensibilizar, doutrinar, o que pretende ter razão. A lógica igualitária implicada no ato de palavra do dizer e do deixar-se dizer é heterogênea da lógica desigualitária implicada na transmissão de saber, na explicação, no doutrinamento, no dar lições.

Além disso, como ser de palavra, cada um é qualquer um: fala como qualquer um e se dirige a qualquer um. A igualdade não entende de identidades nem de posições, nem de nomes comuns nem de nomes próprios, e somente o é de qualquer um com qualquer um. Mas, qualquer um é sempre único, este e nenhum outro, uma singularidade qualquer ou um qualquer que só se enuncia em singular, na fugaz colocação em palavra de sua relação com algo que não é ele (ao que lê, ao que escreve, ao que diz, ao que pensa).

26.

Eu, como vocês, tenho que programar as disciplinas que dou, assinalar a sequência exata das atividades, dos tempos, das formas de avaliação, etc. A primeira casinha se refere aos objetivos. Em minha Faculdade, e durante dois anos, essa casinha não estava padronizada e se podia colocar nela o que se quisesse. Eu escrevi: "esta é uma disciplina de ler, de escrever e de conversar e, portanto, seus objetivos são aprender a ler, aprender a escrever e aprender a conversar". Um de meus amigos, muito mais certeiro, escreveu: "trata-se de aprender a não ter razão", a ler, a escrever e a conversar a partir de não ter razão, talvez ao que o mestre ignorante chama "despropositar razoavelmente". E mais outro, ainda mais atento: "aprender a afinar o ouvido", ou seja, a prestar atenção não tanto ao que nos é dito e sim ao a partir de onde nos é falado e até onde nos é falado, até que parte de nós mesmos, até qual dos múltiplos eus que somos. E aí está claro que há formas de falar, de escrever e de ler, formas de se colocar em relação à linguagem (e em relação aos outros na linguagem), que são mais nobres que outras. Certamente, também mais democráticas, mais igualitárias, mais livres, porém, sobretudo, mais dignas. E é a essas às quais vale a pena prestar atenção.

Além do mais, existe a questão da confiança. Quando se trata de ler, de escrever e de conversar não há nenhum objetivo exterior a essas práticas. Trata-se de abrir uma experiência individual (de cada um) e, ao mesmo tempo, coletiva (de fazê-lo juntos) orientada a fazer saltar essa faísca do pensamento friccionando-se as palavras de cada um com as palavras dos outros e, ao mesmo tempo, as palavras com as coisas, com o mundo, com o que vemos e com o que sentimos. Não há outro resultado que não o próprio processo, o calor produzido pela fricção, a energia. E o que se aprende não é outra coisa senão o pensar: o que (nos) acontece ao ler, ao escrever, e ao conversar. Porém isso é questão de cada um e não pode ser antecipada nem generalizada. Daí a confiança. Nós não podemos responder quando nos perguntam o que é que se vai aprender lendo, escrevendo e conversando. Só podemos dizer: confie. Ou melhor: confie em mim. Porque a confiança não pode ser impessoal e, ainda que se possa confiar em um desconhecido, sempre é em alguém que se confia, em alguém que inspira confiança, que não oferece nada, não garante nada, mas inspira confiança.

27.
Um interior sem móveis, um círculo de seres de palavra e, no meio, um texto. Não uma obra e sim um texto: dado a ler, oferecido a uma leitura que não o dissolve como obra no

Fim de partida

próprio movimento em que o entrega a um leitor qualquer. Um texto não submetido a nenhuma lei que o enclausure: nem à da obra, nem à do autor, nem à do tema, nem à do gênero, nem sequer à de seu significado. Um texto que não é outra coisa senão "letra errante que fala à multidão sem rosto dos leitores de livros", ou, em outras palavras, "escritura desnuda, palavra muda e tagarela que roda à direita e à esquerda, ao acaso da atenção flutuante que lhe prestam os leitores sem atributos, até o extremo do que essa atenção obtém da página escrita e da cadeia de imagens e de palavras que o traduzem".[47]

O texto está no meio, constitui o comum, o que se tem em comum. E, ao mesmo tempo, é o assunto de cada um. O texto é compartilhado e repartido, mas não pertence a ninguém. Estabelece uma relação e, ao mesmo tempo, abre uma distância. A pergunta é qual é o texto? No ensino universitário estamos assistindo à abolição do texto. Já não há textos na aula e, quando os há, são textos informativos, explicadores, doutrinadores. Porém, a nós faz falta um texto que diz, dizente, um texto em que alguém expresse em palavras o que vê, o que sente, o que pensa, e o que comunica a seus iguais, a todos aqueles que também são capazes de ver, de sentir, de pensar. Por isso o que diz o texto não é outra coisa que o que acontece ao leitor em uma leitura atenta (o que o texto lhe diz) e o modo como o leitor traduz em palavras ou imagens isso que o texto diz. Por isso, não se trata de compreender, de dizer a verdade do texto, e sim de experimentar a potência de sua linguagem e o que essa linguagem nos dá a ver, a sentir, a pensar, a escrever, a conversar. O mestre ignorante insiste em que "não há nada oculto, não há palavras sob as palavras, não há linguagem que diga a verdade da linguagem".[48] Por isso a leitura é escrita

---

[47] RANCIÈRE, J. *La parole muette. Essai sur les contradictions de la littérature.* Paris: Hachette, 1998c, p. 172-173.

[48] RANCIÈRE, 2003b, p. 37.

e é conversação. Parafraseando Rancière, poderíamos dizer que o que é preciso pôr para trabalhar não é outra coisa que

> [...] uma situação de comunicação entre seres de palavra. A relação de várias pessoas com um livro que não sabem ler é a que radicaliza o esforço constante por traduzir e contratraduzir os pensamentos em palavras e as palavras em pensamentos. O desejo de compreender e de se fazer compreender. Porém, compreender não significa aqui o ridículo poder de desvelar as coisas, e sim a potência da tradução que enfrenta a um falante com outro falante.[49]

Por isso ler é escrever, conversar, mas não sobre o texto e sim sobre o mundo, sobre a vida, sobre o que somos e o que nos acontece. O texto centra uma passagem que não para: do texto para a vida e da vida ao texto, das palavras do texto às palavras do leitor (ao que vê, ao que sente, ao que pensa) e destas outra vez ao texto, do texto ao discurso que gera, e deste outra vez ao texto.

28.

Há dois anos começamos o curso com uma longa conversação em classe a propósito de *Europa 51*, o filme de Rossellini que mereceu um brilhantíssimo comentário de Rancière.[50] Depois lemos, entre outras coisas, *Bartleby, o escrivão*, de Melville. Chegado o momento de apresentar um texto para a avaliação, uma das alunas a quem os "não sei" do personagem de Irene haviam comovido profundamente, me disse que "preferiria não fazê-lo". Havia se mantido silenciosa durante boa parte do curso, mas me constava que havia lido muito e havia escrito muito. Eu mesmo havia lhe emprestado alguns livros, e ela alguma vez havia me mostrado, com uma

---

[49] RANCIÈRE, 2003b, p. 86.

[50] RANCIÈRE, J. Courts *voyages au pays du peuple*. Paris: Seuil, 1990.

emoção mesclada de pudor, um caderno cheio de citações, comentários e anotações, muitas das quais terminavam com um "não sei". Eu lhe pedi que me dissesse o que queria dizer com essa negativa e, no princípio da conversa, ela se escudou dizendo que a leitura e a escrita são práticas íntimas e solitárias e que sentia certa profanação ao ter que converter isso em um trabalho a ser avaliado, que não podia deixar de vê-lo como um documento administrativo. Naturalmente, me disse também que me liberava de ter que qualificá-la, que eu também podia preferir não fazê-lo. Continuamos falando um bom tempo e ela me disse que durante o curso só havia conhecido loucos (a Irene, a Bartleby, a Lord Chandos, a Jacotot) e que isso de redigir um trabalho final lhe parecia demasiado sensato, como uma traição a essa curiosa galeria de personagens, que a ela parecia que devia-se levar a sério, ou calar-se. Aceitei suas palavras, aceitei que não quisesse trair um lugar de experiência convertendo-o num lugar administrativo (como poderia preferir fazer isso?), mas lembrei a ela que tínhamos tratado de manter a classe como um espaço público, o que implica exposição aos outros, e lhe disse que o que não podia aceitar era que tudo isso se convertesse em um assunto privado, em algo entre ela e eu. Preparou então um texto sobre sua "preferência de não fazê-lo" e o leu para toda a classe. Não era um texto eloquente nem fluido nem bem amarrado, e sim um dizer bastante tateante, entrecortado, trôpego do ponto de vista da argumentação e do desenvolvimento. Além disso, o "eu não sei" o invadia repetidamente, como se o corroesse ou perfurasse a partir de dentro. Mas me comoveu até quase as lágrimas e pensei que havia valido a pena. Ontem, 23 de dezembro, soube que a moça começou a estudar cinema.

29.

"Pensar quer dizer: procurar uma frase".[51]

---

[51] ALFÉRI, P. *Buscar una frase*. Buenos Aires: Amorrortu, 2006, p. 50.

30.

Trata-se do espaço da improvisação, da liberdade, do excesso e da proliferação da palavra, da colocação em jogo do poder da palavra. E também se trata de um espaço de verdade. Porém, o que é a verdade? "O essencial é não mentir",[52] diz o mestre ignorante, e um pouco mais adiante: "a verdade não se diz".[53] Ninguém pode dizer a verdade nem pretender dizer a verdade. Porém, ao mesmo tempo, o essencial é não mentir. E sobretudo não mentir para si mesmo. O mestre ignorante chama a isso de "princípio de verdade". A verdade não é a correspondência entre um enunciado e aquilo ao que se refere, e sim a relação entre o sujeito que fala e aquele que diz, ou melhor, com aquele que lhe faz dizer, lhe faz pensar, procura suas palavras e suas frases: "a relação privilegiada de cada um com aquilo que o encaminha, que o lança como buscador".[54] Também o poeta sabe que "não só importa o dizer – o dito – e sim a relação com o dizer [...]. Que significa, então, dizer? (de novo queria poder remetê-lo a algum modo de verdade)".[55] É verdadeiro o que não mente, o que está presente no que se diz, o que sustenta o que diz com sua voz, com seu corpo, com essa particular aventura intelectual que o levou a ler o que lê, a escrever o que escreve, a dizer o que diz, a pensar o que pensa. Por isso, se a verdade se pretende ser uma e reúne no consenso, no juízo racional, em todas as formas de gregarismo, a verdade é singular e múltipla:

> O pensamento não se diz em verdade, se expressa em verdade. Se divide, se traduz para outro que se fará outro relato, outra tradução, com uma única condição;

---

[52] RANCIÈRE, 2003b, p. 100.

[53] RANCIÈRE, 2003b, p. 102.

[54] RANCIÈRE, 2003b, p. 78.

[55] GARCÍA VALDÉS, O. *Esa polilla que delante de mí revolotea. Poesía reunida.* Barcelona: Galaxia Gutenberg, 2008, p. 257.

a vontade de comunicar, de adivinhar o que o outro pensou e que nada, fora de seu relato, garante, e que nenhum dicionário universal diz como deve ser compreendido.[56]

Trata-se do acontecimento da palavra, do modo como os seres falantes se entregam à verdade de sua leitura, de sua escrita e de sua conversação.

31.

Estamos na universidade, em uma Faculdade de Educação, em um lugar submetido às lógicas da universidade que vem. Por isso esse espaço heterológico só pode se abrir mediante certa violência. A violência da decisão, da invenção, da vontade, da iniciativa de abrir e de sustentar o jogo. O mestre ignorante insiste em que só é preciso começar. É preciso abrir esse espaço, convocar as pessoas que o queiram habitar, selecionar um texto, por em marcha a leitura, a escritura, a conversação. E uma vez que o jogo tenha começado, nada mais que os dois atos fundamentais do mestre ignorante: "interroga, pede uma palavra, ou seja, a manifestação de uma inteligência [...], e comprova que o trabalho dessa inteligência se realiza com atenção, que essa palavra não diz qualquer coisa para escapar à coerção".[57] Repetir de novo e de novo: e você, o que lê? o que escreve? o que quer nos dizer?... e você, o que pensa? Verificar a atenção: não comprovar o progresso do saber e sim julgar o acontecimento da verdade. Manter a vontade combatendo a preguiça e a covardia. Sabendo, isso sim, que "quem emancipa não precisa se preocupar com o que o emancipado deve aprender. Aprenderá o que quiser, talvez nada. Mas saberá que pode aprender".[58]

---

[56] RANCIÈRE, 2003a, p. 84.

[57] RANCIÈRE, 2003a, p. 43.

[58] RANCIÈRE, 2003a, p. 28.

Fim de partida.

32.

Hamm sabe que está acabado, porém continua falando. Só assim persiste na existência, convertido em uma vaga agitação e um montão de palavras: "Basta, já é hora que isso acabe, também no refúgio. E, no entanto, vacilo, vacilo em... colocar um ponto final nisso. Oh! Oh! o que me acontece?".[59] A única coisa que resta é poder continuar colocando em cena a voz e a palavra, recordando ou inventando, ao menos enquanto reste alguém que escute ou que finja escutar: "Clov: Para que sirvo? Hamm: Para me dar a réplica. Fiz progressos em minha história, progressos importantes. Clov: A que contas desde sempre. Hamm: Ah! Quer dizer minha novela. Clov: Isso mesmo" (p. 66). E inclusive continua falando quando o outro falta, ou está aponto de faltar, antes que chegue o fim definitivo da partida, o ponto final da representação, antes de ficar definitivamente convertido em uma voz solitária e monologante diante de um lenço estendido.

Assim, para terminar, não posso fazer outra coisa senão reiterar a pergunta: tem sentido, aqui e agora, neste lugar (uma Faculdade de Educação) e neste tempo (quando o curso ordinário das coisas é o do triunfo sem alternativas de uma universidade mercantilizada), voltar a se perguntar pela leitura, pela escrita e pela conversação? Nós sabíamos as velhas palavras e agora já não estamos seguros de que queiram dizer nada. E não queremos aprender as novidades: nem confiamos nelas, nem têm a ver conosco. Além do mais, estamos tristes e cansados e não sentimos senão raiva e impotência. Seremos capazes de provar de novo todos os verbos, por exemplo: ler, escrever, conversar... talvez pensar?

---

[59] BECKETT, 1990, p. 31.

Este livro foi composto com tipografia Bembo Std e impresso em papel Off-White 80 g/m² na Formato Artes Gráficas.